2024年度版

# コンサルティング機能強化のための個人事業主の決算書の見方・読み方

なかだ隼人 著

経済法令研究会

# はしがき

本書は確定申告書のうち個人事業主事業所得にスポットをあてました。

10種類ある所得の中の１つですが、2022年の申告納税額がある事業所得の確定申告者数は約164万人、所得金額は約7.8兆円となっています。

日本の企業数の99.7％を占める中小企業・小規模事業者は、地域の経済社会、雇用を支える重要な存在です。日本経済の復活は、成長の担い手である個人事業主にかかっているともいえるでしょう。

税制をめぐる最近の動きとしては、消費税10%への再増税や高所得者に対する所得税の増税がありました。2023年度に「インボイス制度の導入」、2024年度税制改正では、一時的な定額減税や子育て世帯を支援する措置が講じられました。また、長期的には、防衛力強化のための増税が予定されています。

本書は、2024年度税制改正をふまえた最新の税務や会計の基本的な知識と全体像を理解してもらい、確定申告書から様々な提案を導いて頂くことを目指しています。また、図解を多く取り入れて、所得税、法人税、消費税、相続税、贈与税まで幅広く網羅していますので、若手や新入行職員の入門書として最適です。

第１章は、所得税の事業所得の決算書について説明していますが、簿記の基本から始めています。簿記の基本が理解でき始めると、決算書は粉飾や個人事業主の経営課題を少しずつ語ってくれるでしょう。

また、事業所得の決算書は、法人所得の決算書の弟分といえども法人所得との違いが多数あり、見落としてしまうと融資判断を誤ってしまう可能性があります。意外と知らない法人所得の決算書との違いについて説明しています。

さらに、提案に役立てていただけるように、社会保険を考慮した法人成りや人や設備に対する最新の投資減税について説明しています。

第２章は、所得税の基本から確定申告書の仕組みについて説明していますが、節税効果の高い小規模企業共済やiDeCo、ふるさと納税にもふれています。

第３章は、消費税の基本から消費税申告書の仕組みについて説明しています。消費税は届出書１つで税額が大きく変わってしまう税金です。国家の厳しい財政状況を考えると、今後も消費税率の引上げは避けては通れないでしょう。これから、ますます重要性が増してくる税金といえます。

第４章は、相続税、贈与税の基本から生前贈与について説明しています。相続税は税額が高いというイメージがあるので、不安になってしまいますが、正しい知識を身につけていただければ、そんなにこわくない税金ともいえます。

最後になりますが、本書の出版を企画し、編集および校正にご尽力をいただいた下井正彦氏、株式会社経済法令研究会の菊池一男氏、中村桃香氏および櫻井寿子氏に心よりお礼を申し上げます。

2024年４月

なかだ 隼人

# 目　次

## 第１章　所得税青色申告決算書（一般用）


❶　一般家庭の決算書……2
❷　国の決算書……5
❸　複式簿記の凄さ！……7
❹　仕訳のルール……9
❺　簿記のからくり……15
❻　決算書１枚目の仕組み……22
❼　決算書１枚目から粉飾を見破る……24
❽　個人事業独特の損益計算書……28
❾　法人成りの提案……34
❿　手厚い保障 厚生年金……41
⓫　倒産リスクをサポート 中小企業倒産防止共済……48
⓬　損益分岐点分析……50
⓭　伴走支援型特別保証制度（コロナ借換保証）……54
⓮　決算書２枚目の仕組み……58
⓯　決算書２枚目から粉飾を見破る……60
⓰　個人事業独特の計算……63
⓱　絶対オススメ！　青色申告……67

⑱ 人材投資で節税 賃上げをサポートする賃上げ促進税制 ………72
⑲ 減価償却とは ……………………………………………………74
⑳ 決算書３枚目の仕組み …………………………………………78
㉑ 決算書３枚目から粉飾を見破る ………………………………80
㉒ 個人事業独特の減価償却 ………………………………………82
㉓ 設備投資で節税 特別償却か税額控除 …………………………86
㉔ 設備投資で節税 ポピュラーな中小企業投資促進税制…………88
㉕ 中小企業経営強化税制 …………………………………………90
㉖ 生産性向上特別措置法による支援 固定資産税（償却資産税）の特例……………………………………………………………98
㉗ 設備投資で節税 お手軽な少額減価償却資産の特例 …………103
㉘ 設備投資で節税 設備投資減税のまとめ ………………………105
㉙ 決算書４枚目の仕組み …………………………………………106
㉚ 決算書４枚目から粉飾を見破る ………………………………108
㉛ 個人事業独特の貸借対照表………………………………………112
㉜ 消費税の試算 ……………………………………………………115
㉝ 電子帳簿保存法……………………………………………………118

## 第２章　所得税の確定申告書


❶　税金は50種類……124
❷　所得は10種類……126
❸　所得税の基本……127
❹　マイナンバー制度……130
❺　申告書第１表の仕組み……133
❻　ふるさと納税……136
❼　所得税の納付方法……140
❽　所得控除は14種類……143
❾　申告書第２表の仕組み……148
❿　節税効果が大きい小規模企業共済……150
⓫　隠れた投資優遇税制 個人型確定拠出年金（iDeCo）……155
⓬　保険の提案……161


## 第３章　消費税の確定申告書


❶　免税事業者とは……166
❷　消費税の基本……168

❸ 手軽な簡易課税……170
❹ 消費税申告書の仕組み……172
❺ 消費税の払いすぎ？……175
❻ 仮決算で資金繰りを改善しよう……178
❼ 軽減税率（8%）制度……180
❽ インボイス制度……182

## 第4章 財産債務調書

❶ 所得税の財産債務調書の仕組み……186
❷ 相続税の基本……190
❸ 贈与税の基本……196
❹ 個人版事業承継税制……199
❺ 王道、生前贈与の活用……201
❻ 大型の生前贈与① 贈与税の配偶者控除……204
❼ 大型の生前贈与② 住宅資金贈与……205
❽ 大型の生前贈与③ 教育資金一括贈与など……207

# 第1章

# 所得税青色申告決算書（一般用）

# 1 一般家庭の決算書

## 一般家庭の決算書

決算書を一般家庭で考えてみましょう。ご近所のＡさんは、最近、ハウスメーカーで自宅を新築しました。車庫には、新車の輸入車がとまっています。ご主人は大手企業勤務のエリート社員、子供２人は有名私立中学に通っていて、一見、裕福な家庭です。

では、一般家庭の決算書を見てみましょう。まずは財政状態がわかる貸借対照表からです。左側には財産として現預金と建物、車両が計上されています。貸借対照表の興味深い点は、財産がわかるだけでなく、その財産を形成するために、お金をどのようにして用意したのかを右側で知ることができるところです。自宅を住宅ローンで購入していたら右上の負債として計上されますし、自己資金で購入していたら右下の資本として計上されます（図表１－１参照）。

目に見える同じ財産であっても、フルローンか全額自己資金かではその家庭の財政状態の違いは一目瞭然です。返さなくてもよい自己資金が多ければ多いほど財政状態は安泰ということはいうまでもありません。

次に経営成績がわかる損益計算書です。Ａさんの家計が、黒字か赤字かということがわかりますし、それだけでなく、売上であるＡさんの年収、食費やレジャー費、教育費などの生活費も項目ごとにこと細かく記載されます。

あなたのお家の裕福そうなご近所さん、もし決算書があれば見てみたいと思いませんか？

●図表1－1　貸借対照表

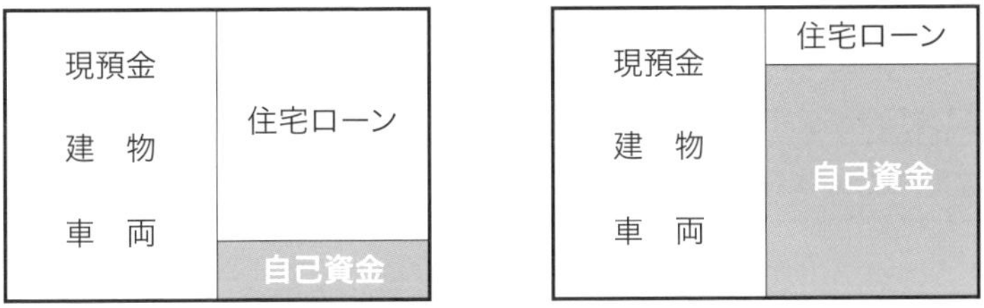


●図表1－2　損益計算書

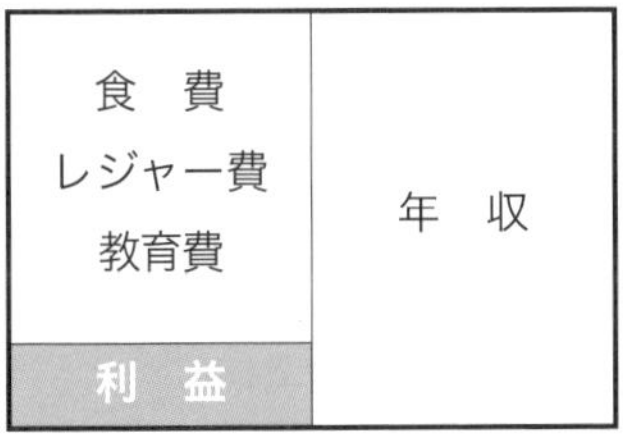


## 決算書の概要

会社に決算書があるように、個人事業主にも貸借対照表や損益計算書といった決算書があります。

損益計算書は、一定期間の経営成績を示しています。利益のみの純額ではなく、売上や売上原価、必要経費も記載されますので、収益と費用の総額から利益を把握することができます。同じ10万円の利益が出ていても、片方は１億円の売上、もう片方は100万円の売上でしたら取引の規模が大きく異なることになりますので、会計では総額で表示することになっています。

一定期間とは、個人は常に１月１日から12月31日の暦年となっています。ちなみに法人は任意の１年間で、決算月は法人が決めることができます。

貸借対照表は、一定時点の財政状態を示しています。損益計算書は一定期間であるのに対して、貸借対照表は決算時点の財産や債務、元入金をつかむことができます。

また、損益計算書は1年間ごとにクリアして、期首から売上や経費を積み上げていきますが、貸借対照表はクリアせずに財産や債務、元入金を翌期に繰り越していきます。

●図表1－3　決算書の概要

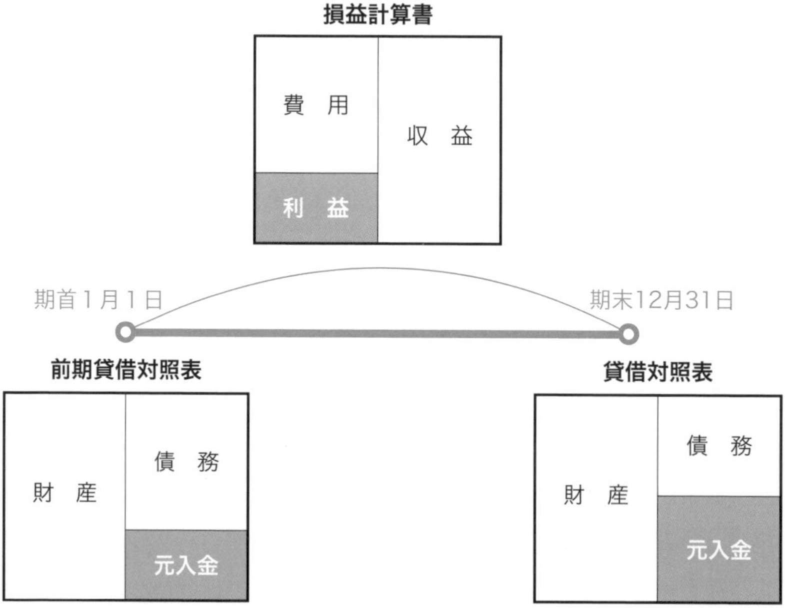

決算書１枚目で事業の儲けがわかる

# 2 国の決算書



## 国の決算書

国の決算書を見てみましょう。

●図表１－４　国の決算書

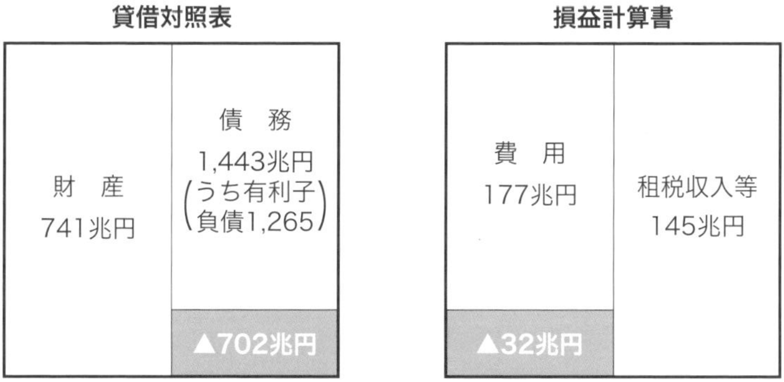


（出所）財務省 令和４年度「国の財務書類」のポイント

2003年度から、複式簿記を参考に国の財務書類が発表されています。まず、貸借対照表から見てみましょう。財産より債務が多い債務超過の状態であり、有利子負債（政府短期証券、公債、借入金）は租税収入等の実に約8.7年分となっています。一般の会社でしたら、借入金が年間の売上高（年商）に達していると倒産の秒読み状態にあるといえます。一般的に、月商何カ月分の借入金を有しているかを見る指標である借入金対月商倍率は、３カ月以下で健全、６ヵ月以上で要注意、１年以上で危険とされています。国の現状は、国民からの借金（公債）でまかなえていますが、このままでは少子高齢化による国力の低下で外国の資本に頼らざるをえない日が必ずやってくるでしょう。

次は、損益計算書ですが、貸借対照表より深刻な状況です。租税収入等（社会保険料収入を含む）145兆円に対して、費用がなんと177兆円もかかっています。

問題は、一過性の赤字ではなく、恒常的な赤字であることです。赤字は国民からの借金（公債）でまかないますので、借金は膨れあがる一方となります。

例えば、年収1,450万円の浪費癖がある会社員（政府）が年間1,770万円の生活費を使い、親戚一同（国民）から１億2,650万円の借金があるような状況です。そのうち、親戚の資力も底をつき、借金の返済を要求され始めます。その会社員は、仕方なく高利貸し（外国）からの借金に手をつけ始める……これが、今の日本の状況です。

# 3 複式簿記の凄さ！



## 複式簿記とは

複式簿記の始まりは、諸説ありますが、13世紀初頭に地中海貿易で栄えるイタリアの商業都市で生まれたとされます。はるか昔から時を超えて形を変えることなく引き継がれてきた非常に完成度の高い記帳方法です。小さなお店から売上が１兆円を超える大企業まで、さらには世界のあらゆるところで複式簿記は使われています。

複式簿記を集計して決算書を作成するわけですから、決算書を理解するには、複式簿記は必須といえます。ビジネスマンの基本スキルである複式簿記を学んでみましょう。

## 単式簿記と複式簿記

毎日の事業活動はすべて、複式簿記によって帳簿に書き入れています。複式簿記は、１つの経済取引について、原因と結果という２つの側面から帳簿記入していきます。この帳簿記入を仕訳といいます。

例えば、20万円の現金売上があったとしましょう。複式簿記では以下の仕訳を帳簿に記入します。

| 借　方 | 貸　方 |
|---|---|
| 現　金　200,000 | 売　上　200,000 |

一方、単式簿記は、１つの側面である売上20万円のみを帳簿に書き入れます。

| |
|---|
| 売　上　200,000 |

両者の違いは何でしょう？　売上が20万円ありましたという経済取引はわかりますが、本当に20万円であるかの検証ができるのは、現金20万円という裏付けがある前者の複式簿記となります。簿記では、帳簿に書き入れる「現金」や「売上」などを勘定科目といいます。

# 4 仕訳のルール



## 仕訳のルール

仕訳のルールは、いたって単純です。図表１－５の４つの箱の位置を覚えてください。

●図表１－５　仕訳のルール

| 借　方 | 貸　方 |
|---|---|
| **資　産** の増加 | **負　債** の増加 |
| **費　用** の増加 | **収　益** の増加 |

資産が増加すれば左側です。負債が増加すれば右側です。費用が増加すれば左側です。収益が増加すれば右側です。

減少は、左側と右側が入れ替わると覚えておきましょう。

## 仕訳の実践

では、個人事業を開始したとしましょう。長年勤めていた会社を辞めて卸売業を始めました。

❶貯蓄していた1,000万円を元手にスタート

| 借　方 | 貸　方 |
|---|---|
| 現　金　10,000,000 | 元入金　10,000,000 |

現金である資産が1,000万円増加したので、左側に書き入れます。増加した理由は元手である元入金1,000万円です。いきなり仕訳のルールの４つの箱に入らない元入金が登場しました。これはあまり出てこないので、ここで、元入金の増加は右側と覚えてください。ただ、複式簿記は片方の書き入れができれば、もう片方は取引の原因を考えたら出てきやすいでしょう。

❷営業のために車を100万円で購入しました

| 借　方 | 貸　方 |
|---|---|
| 車　両　1,000,000 | 現　金　1,000,000 |

車両である資産が100万円増加したので、左側に書き入れます。現金で購入したので現金である資産が100万円減少しました。資産の減少は、反対に右側に書き入れていきます。

❸商品300個600万円を掛で仕入れました（１個２万円）

| 借　方 | 貸　方 |
|---|---|
| 仕　入　6,000,000 | 買掛金　6,000,000 |

仕入は費用の増加なので左側に書き入れます。

掛とはツケのようなものです。商品の仕入を行うたびに現金を支払うのではなく、例えば毎月20日締めでしたら、前月21日からの１ヵ月間の仕入が集計されて仕入先から請求書がきます。仕入の計上と現金の支払いとは時期がずれることになります。

買い物で使うクレジットカード払いと同じです。服を買ったときにお金は支払わず、支払いは翌月以降になるはずです。

簿記では、発生主義といって現金を支払ったときに仕入を計上するのではなく、商品の引渡し時に仕入を計上することになります。そして、現金を支払うまでの間は買掛金として負債に計上しますので、買掛金は仕訳の右側に書き入れることになります。

### ❹仕入れた商品のうち100個500万円を掛で販売しました（1個5万円）

| 借　方 | 貸　方 |
| --- | --- |
| 売掛金　5,000,000 | 売　上　5,000,000 |

売上は収益増加なので右側に書き入れます。現金を回収したときに売上を計上するのではなく、商品を引き渡したときに売上を計上します。

売掛金は買掛金の反対で、販売する側のツケとなりますので、資産の増加として左側に書き入れることになります。

### ❺買掛金のうち400万円を支払いました

| 借　方 | 貸　方 |
| --- | --- |
| 買掛金　4,000,000 | 現　金　4,000,000 |

買掛金の支払いで、買掛金という負債が減少していますので左側に、一方、資産である現金が減少していますので右側にそれぞれ書き入れます。

### ❻売掛金のうち300万円を回収しました

| 借　方 | 貸　方 |
| --- | --- |
| 現　金　3,000,000 | 売掛金　3,000,000 |

売掛金の回収で、現金という資産が増加していますので左側に、売掛金という資産が減少しますので右側にそれぞれ書き入れます。

❼事務所を借りていますので、家賃60万円を支払いました

| 借　方 | 貸　方 |
|---|---|
| 家　賃　600,000 | 現　金　600,000 |

家賃は費用の増加なので左側に、現金の減少は右側に書き入れます。

❽資金に余裕がなくなってきたので、銀行から200万円を借入れました

| 借　方 | 貸　方 |
|---|---|
| 現　金　2,000,000 | 借入金　2,000,000 |

現金が増加したので左側に書き入れ、借入金という負債が増加したので右側に書き入れます。

❾借入金の一部を返済しました　元金100万円、利息10万円

| 借　方 | 貸　方 |
|---|---|
| 借入金　1,000,000 | 現　金　1,100,000 |
| 支払利息　100,000 | |

まず、返済で現金が減少しましたので、右側に現金110万円を書き入れます。その減少した原因は元金返済100万円と利息10万円ですので、左側に負債の減少として借入金100万円を、同じく左側に費用の増加として支払利息10万円を書き入れます。

「借入金の返済は費用にならないの？」と聞かれることがありますが、「借入金は負債ですので費用ではありませんし、実際、借入をしたときも収益と

して計上していませんよね」とお答えしています。

決算❶決算をむかえ、車の減価償却を行います　耐用年数５年

| 借　方 | 貸　方 |
|---|---|
| 減価償却費　200,000 | 車　両　200,000 |

耐用年数とは、その資産を使用できる可能年数のことをいいます。本来なら会社が独自に見積もって定めるべきですが、中小企業の多くは国が定めている法定耐用年数を使用しています。

耐用年数が５年ということは、この車は５年間使用できて、５年の間、収益に貢献すると考えます。収益に対応させるために、使用期間にわたって費用に計上していくわけです。これを簿記では「費用収益対応の原則」といいます。また、資産を耐用年数に応じて費用に変えていくことを減価償却といいます。

減価償却費は費用の増加なので左側に、車両は資産価値が減少したので右側に書き入れます。

決算❷仕入れた商品300個（１個２万円）のうち、200個は売れ残ったので、在庫の計上をします

| 借　方 | 貸　方 |
|---|---|
| 商　品　4,000,000 | 期末棚卸高　4,000,000 |

ようやく、最後の仕訳です。もうだいぶ慣れてきましたよね。期末に売れ残った商品が200個ありますので、単価２万円を乗じて計算した商品400万円を、資産の増加として左側に書き入れます。

仕入れたときは、仕入れた商品300個を、すべて仕入として費用計上していました。でも実際に売れたのは商品100個なので、費用と収益が対応しな

●図表1－6　仕訳の実践

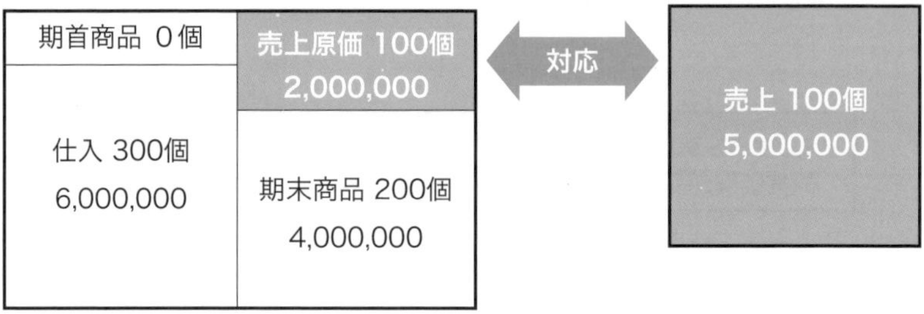


くなってしまいます。簿記では、仕入れた商品の費用を知りたいのではなく、売れた商品の費用を知りたいわけです。ここでも「費用収益対応の原則」から、商品100個の収益に対応する、商品100個の費用を期末で求めていく必要があります。

商品300個は期中で費用の増加として計上されているので、期末に売れ残った商品200個を期末棚卸高という勘定科目で費用の減少として計上することにより、差引きで商品100個の費用を計算していきます。収益に対応する商品100個の費用のことを「売上原価」といいます。

期末棚卸高は費用の減少なので右側に書き入れます。

こうやって、昔から商人は、毎日毎日、取引を帳簿に書き入れてきました。当然、業績がよくなると、取引の量が増加し、帳簿記入が忙しくなります。だから、商売繁盛して儲けが多い時を、「書き入れ時」というようになったそうです。

5

# 簿記のからくり



## 仕訳の集計

先ほどの仕訳を一覧にしてみました。

| | 借　方 | | 貸　方 | |
|---|---|---|---|---|
| ❶ | 現　金 | 10,000,000 | 元入金 | 10,000,000 |
| ❷ | 車　両 | 1,000,000 | 現　金 | 1,000,000 |
| ❸ | 仕　入 | 6,000,000 | 買掛金 | 6,000,000 |
| ❹ | 売掛金 | 5,000,000 | 売　上 | 5,000,000 |
| ❺ | 買掛金 | 4,000,000 | 現　金 | 4,000,000 |
| ❻ | 現　金 | 3,000,000 | 売掛金 | 3,000,000 |
| ❼ | 家　賃 | 600,000 | 現　金 | 600,000 |
| ❽ | 現　金 | 2,000,000 | 借入金 | 2,000,000 |
| ❾ | 借入金 | 1,000,000 | 現　金 | 1,100,000 |
| | 支払利息 | 100,000 | | |
| 決算❶ | 減価償却費 | 200,000 | 車　両 | 200,000 |
| 決算❷ | 商　品 | 4,000,000 | 期末棚卸高 | 4,000,000 |

次は勘定科目ごとに集計してみましょう。

単純に足したり引いたりしてもよいのですが、集計をするのにボックス図といわれるフォームを使用すると、簿記の仕組みを理解するのに役立ちますので、是非マスターしてください。

では、まず現金の集計から始めましょう。次のようなボックス図を書いて、左上に1月1日（期首）の残高を記入します。現金は資産なので左上からスタートします。

開業年なので期首残高は0です。仕訳❶、❻、❽は現金の増加なので左側へ、仕訳❷、❺、❼、❾は現金の減少なので右側へ記入して、差引きで右下の12月31日（期末）の残高を計算します。また、取引ごとに相手勘定科目を記入すると、その勘定科目の増減の理由が明確にわかります。

現金の増加の理由は、❶元入金の増加1,000万円、❻売掛金の回収300万円、❽借入金の増加200万円であることがわかります。ボックス図は、勘定科目の期末残高を集計するとともに、その増減明細を示しています。

買掛金のボックス図は、負債なので右上からスタートです。開業年なので期首は0円です。仕訳❸は買掛金である負債の増加なので右側に記入し、仕訳❺は買掛金である負債の減少なので左側に記入して、差引きで左下の期末残高を計算します。

**現　金**

| | | | |
|---|---|---|---|
| 期首 | 0 | ❷車両 | 1,000,000 |
| | | ❺買掛金 | 4,000,000 |
| ❶元入金 | 10,000,000 | ❼家賃 | 600,000 |
| ❻売掛金 | 3,000,000 | ❾借入金 | 1,100,000 |
| ❽借入金 | 2,000,000 | ❾支払利息 | |
| | | 期末 | 8,300,000 |

**買掛金**

| | | | |
|---|---|---|---|
| | | 期首 | 0 |
| ❺現金 | 4,000,000 | | |
| | | ❸仕入 | 6,000,000 |
| 期末 | 2,000,000 | | |

売掛金、商品、車両は資産ですので、それぞれ左上からスタートします。資産勘定のボックス図は、それぞれの資産勘定の増加があった場合には左側、減少なら右側に記入します。

一方、借入金は負債ですので、右上からスタートします。負債勘定のボックス図は、負債勘定の増加なら右側、減少なら左側に記載します。元入金は負債勘定のボックス図と同様となります。

**売掛金**

| | |
|---|---|
| 期首　0 | |
| ❹売上　5,000,000 | ❻現金　3,000,000 |
| | 期末　2,000,000 |

**借入金**

| | |
|---|---|
| | 期首　0 |
| ❾現金　1,000,000 | ❽現金　2,000,000 |
| 期末　1,000,000 | |

**商　品**

| | |
|---|---|
| 期首　0 | |
| 決算❷<br>期末棚卸高4,000,000 | |
| | 期末　4,000,000 |

**車　両**

| | |
|---|---|
| 期首　0 | |
| ❷現金　1,000,000 | 決算❶<br>減価償却費　200,000 |
| | 期末　800,000 |

**元入金**

| | |
|---|---|
| | 期首　0 |
| | ❶現金10,000,000 |
| 期末　10,000,000 | |

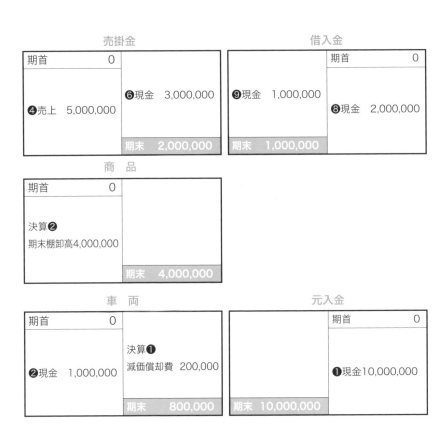

費用勘定、収益勘定のボックス図は、損益は１年間でリセットしますので期首残高はありません。費用の増加は左側へ、収益の増加は右側へ記入します。

**仕　入**

| | |
|---|---|
| ❸買掛金6,000,000 | |
| | 期末　6,000,000 |

**売　上**

| | |
|---|---|
| | ❹売掛金5,000,000 |
| 期末　5,000,000 | |

**家　賃**

| | |
|---|---|
| ❼現金　600,000 | |
| | 期末　600,000 |

**期末棚卸高**

| | |
|---|---|
| | 決算❷<br>商品　4,000,000 |
| 期末　4,000,000 | |

**減価償却費**

| | |
|---|---|
| 決算❶<br>車両　200,000 | |
| | 期末　200,000 |

**支払利息**

| | |
|---|---|
| ❾現金　100,000 | |
| | 期末　100,000 |

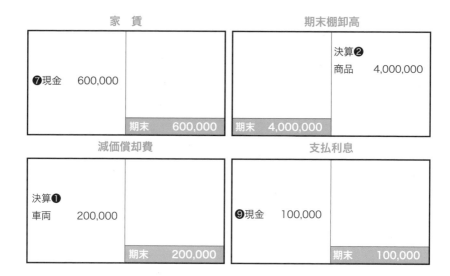

勘定科目ごとにボックス図を作成しましたが、これは総勘定元帳を省略したものです。

次ページの仕訳一覧が仕訳帳です。複式簿記では、仕訳帳から転記して総勘定元帳を作成して、総勘定元帳で勘定科目ごとの残高を集計していくことになります。仕訳帳と総勘定元帳は主要簿といわれ、青色申告で65万円特別控除の適用を受けるために必要な帳簿となります。

仕訳一覧が勘定科目ごとのボックス図で集計され、下記のようになりました。

| | 借方 | | 貸方 | |
|---|---|---|---|---|
| ❶ | 現　金 | 10,000,000 | 元入金 | 10,000,000 |
| ❷ | 車　両 | 1,000,000 | 現　金 | 1,000,000 |
| ❸ | 仕　入 | 6,000,000 | 買掛金 | 6,000,000 |
| ❹ | 売掛金 | 5,000,000 | 売　上 | 5,000,000 |
| ❺ | 買掛金 | 4,000,000 | 現　金 | 4,000,000 |
| ❻ | 現　金 | 3,000,000 | 売掛金 | 3,000,000 |
| ❼ | 家　賃 | 600,000 | 現　金 | 600,000 |
| ❽ | 現　金 | 2,000,000 | 借入金 | 2,000,000 |
| ❾ | 借入金 | 1,000,000 | 現　金 | 1,100,000 |
| | 支払利息 | 100,000 | | |
| 決算❶ | 減価償却費 | 200,000 | 車　両 | 200,000 |
| 決算❷ | 商　品 | 4,000,000 | 期末棚卸高 | 4,000,000 |

| 借方 | | 貸方 | |
|---|---|---|---|
| 現　金 | 8,300,000 | 買掛金 | 2,000,000 |
| 売掛金 | 2,000,000 | 借入金 | 1,000,000 |
| 商　品 | 4,000,000 | | |
| 車　両 | 800,000 | 元入金 | 10,000,000 |
| | | 売　上 | 5,000,000 |
| 仕　入 | 6,000,000 | 期末棚卸高 | 4,000,000 |
| 家　賃 | 600,000 | | |
| 減価償却費 | 200,000 | | |
| 支払利息 | 100,000 | | |

さらに、上半分と下半分に分けると、上半分が貸借対照表、下半分が損益計算書となります。

| 借　方 | | 貸　方 | |
|---|---|---|---|
| 現　金 | 8,300,000 | 買掛金 | 2,000,000 |
| 売掛金 | 2,000,000 | 借入金 | 1,000,000 |
| 商　品 | 4,000,000 | | |
| 車　両 | 800,000 | 元入金 | 10,000,000 |
| | | 売　上 | 5,000,000 |
| 仕　入 | 6,000,000 | 期末棚卸高 | 4,000,000 |
| 家　賃 | 600,000 | | |
| 減価償却費 | 200,000 | | |
| 支払利息 | 100,000 | | |

貸借対照表

| | | | |
|---|---|---|---|
| 現　金 | 8,300,000 | 買掛金 | 2,000,000 |
| 売掛金 | 2,000,000 | 借入金 | 1,000,000 |
| 商　品 | 4,000,000 | | |
| 車　両 | 800,000 | 元入金 | 10,000,000 |
| | | 利　益 | 2,100,000 |
| 合　計 | 15,100,000 | 合　計 | 15,100,000 |

損益計算書

| | | | |
|---|---|---|---|
| | | 売　上 | 5,000,000 |
| 仕　入 | 6,000,000 | 期末棚卸高 | 4,000,000 |
| 家　賃 | 600,000 | | |
| 減価償却費 | 200,000 | | |
| 支払利息 | 100,000 | | |
| 利　益 | 2,100,000 | | |

損益計算書の利益は、左右の差引きで利益210万円と計算します。1,000万円の元手で商売を始めて、１年間の利益が210万円となったわけです。

次にその利益210万円は、貸借対照表の元入金に組み込まれることによって、貸借対照表の左側の合計が1,510万円、右側の合計も1,510万円で一致することになります。貸借対照表の左右は必ず一致してバランスしますので「バランスシート（B/S）」と呼ばれます。

貸借対照表の右側は資金の調達源泉、左側は資金の運用状況を示します。つまり、ツケの買掛金200万円、借入金の100万円、元入金の1,000万円、利益210万円で資金を調達し、その資金を運用して財産1,510万円が形成されているわけです。もちろん、右側のうち、返済の必要がない元入金の割合が高ければ高いほど財政状態は安定しているといえるでしょう。

「元入金はどこにあるのですか？」と聞かれることがありますが、元入金は財産ではなく、資金をどこから調達してきたのかという調達源泉を示していますので混同しないようにしましょう。

貸借対照表の財産のうち、現金や売掛金は貨幣性資産といって、換金性が高い資産ですが、商品や車両は費用性資産といって、将来、売上原価や減価償却費といった費用に変わる資産となります。

●図表１－７　バランスシート（B/S）

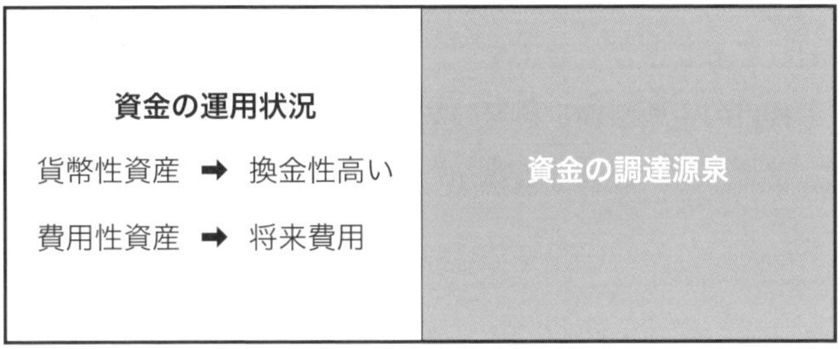

6

# 決算書１枚目の仕組み

## 決算書１枚目

複式簿記の仕組みを理解したところで、実際に個人事業主の決算書１枚目を見てみましょう。決算書１枚目は損益計算書となっていますので、個人事業主の決算書の中で最も重要となります。

１年間、事業を行ってどれくらいの売上規模なのか、利益が出ているのか、それとも赤字が出ているのかが一目でわかります。

決算書は、確定申告の直前に作成するのではなく、毎月ベースで試算表を作成しましょう。税務署のために決算書を作成するのではなく、経営に活かすために決算書を作成するのです。月単位で赤字が出ていることがわかれば、来月以降の営業展開や経費の見直しなどを月単位で対策が立てられるはずです。

また、毎月ベースで作成することで決算書の正確性は格段にあがりますし、黒字が出ている場合は決算前に節税対策や納税資金の確保といった資金繰り対策を立てることができます。

決算書１枚目の主要な勘定科目の数字は、決算書２枚目、３枚目、４枚目から転記します。それ以外は帳簿から転記します。

## ●図表１－８　決算書１枚目の仕組み(1)

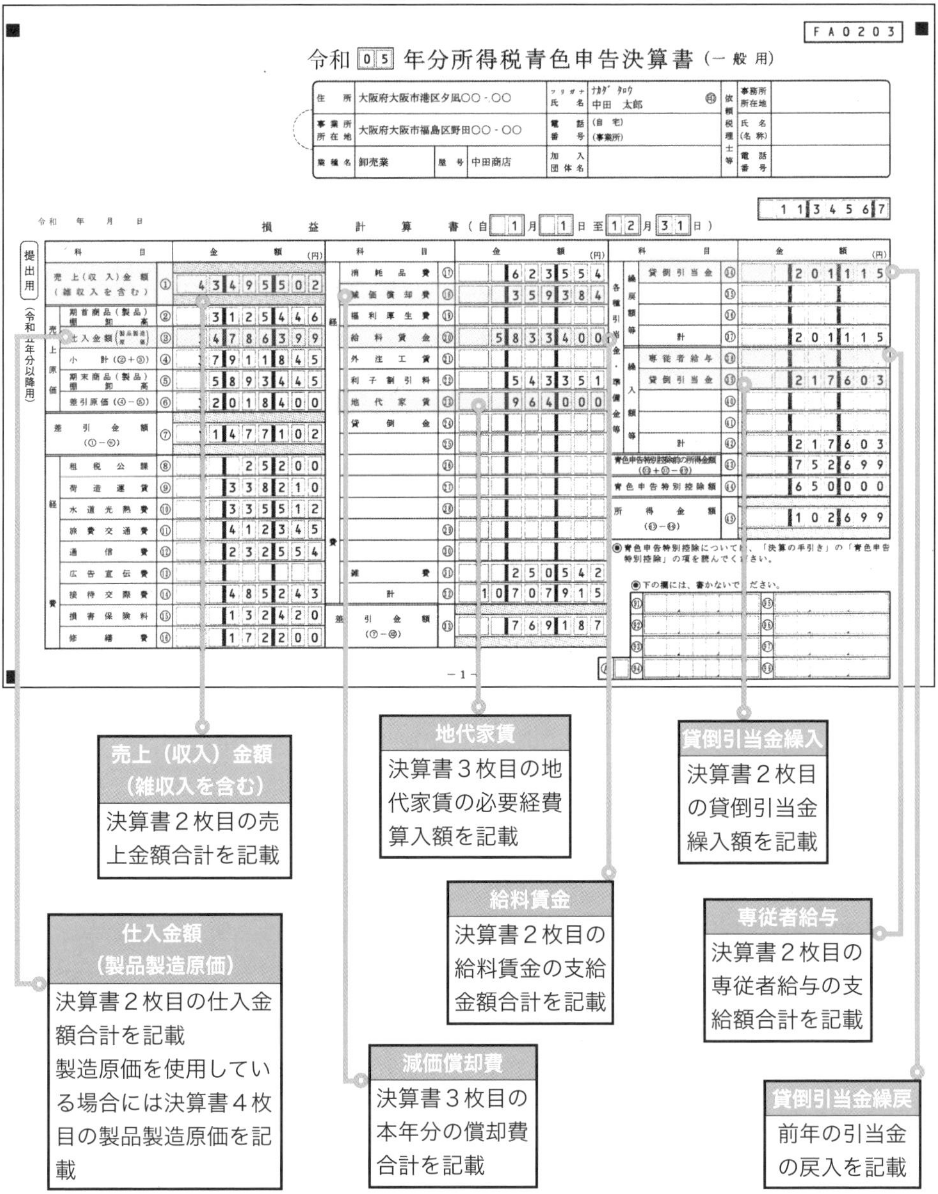

# 7 決算書1枚目から粉飾を見破る

## 粉飾決算の大罪

決算書の利益を水増ししてしまう、粉飾決算。粉飾決算で融資を受けるということは詐欺行為なのですが、決算書を軽く見ているのか、経営者としての弱さなのか、一部ではいまだになくならないのが現状です。

粉飾決算によって、赤字であるにもかかわらず余分な税金を納めることになるため、個人事業主としては非常に負担が重くなります。さらに、一番の深刻な問題は、他人をごまかしているつもりが、長年、粉飾をしていると自分自身もごまかされてしまうところにあります。赤字を決算書でしっかり認識して、金融機関など外部からも指摘を受けることは経営改善を行う最大のチャンスです。そこで初めて事業の強みを深く見つめ直して、営業戦略の策定や、利益率の改善、固定費の削減などに取り組んでいけるのです。

## 架空在庫

粉飾のやり方としてよく見受けられるのは、架空在庫の計上です。仕入が600万円、期末在庫が100万円の場合を考えてみましょう。販売した商品の売上原価は仕入600万円－期末在庫100万円＝500万円となります。ここで架空在庫200万円を積増ししたらどうなるでしょう？　仕入600万円－（期末在庫100万円＋架空在庫200万円）＝ 300万円となり、原価が一瞬にして200万円削減できるというわけです。

●図表１－９　架空在庫の計上

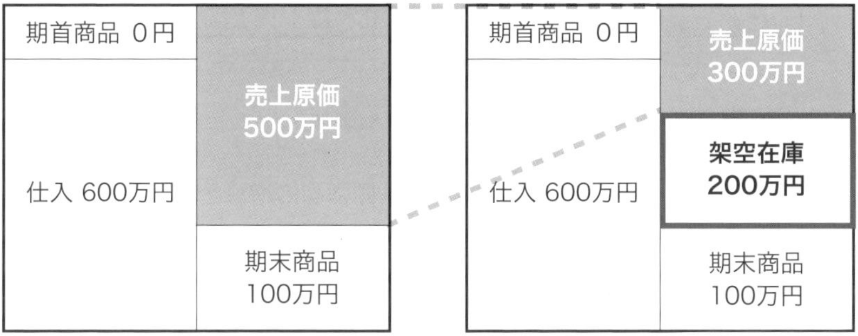


## 消費税の負担

粉飾の方法には、架空売上の計上や、費用の除外などがありますが、在庫の架空計上がよく使われる理由の１つとしては、消費税の負担が増えないという点です。消費税の申告は、課税売上の消費税から課税仕入の消費税を控除して納付消費税額を確定します。課税仕入に含まれるのは、売上原価ではなく当期に発生した仕入となります。いくら在庫を増加させて売上原価を圧縮しても仕入は変わりませんので、粉飾を行っても消費税の負担は増えないということになります。

## 売上高総利益率の推移

架空在庫による粉飾を見抜く方法としては、売上高総利益率の過去からの推移を確認します。売上総利益とは売上高から売上原価を控除したもので、売上高総利益率とは売上高に占める売上総利益の割合のことをいいます。会計ソフトによっては過去５年間の損益計算書の推移表をアウトプットできますので、売上高総利益率の過去からの推移を見てみましょう。

例えば、売上高総利益率が15%から16%へと１ポイント以上増加している場合には、売上高総利益率の改善理由を確認する必要があります。わずか１

ポイントですが、売上高１億円でしたら利益は100万円も変わってきます。

| | |
|---|---|
| 売上高総利益率（%） | 売上総利益 ÷ 売上高 ×100 |

## ▶▶ 棚卸資産回転期間（月）の推移

損益計算書の期首商品棚卸高と期末商品棚卸高の増減を確認してみます。大幅に増加している場合には、理由を確認してみましょう。

架空在庫を計上してしまうと、棚卸資産と売上高のバランスが崩れ始めますので、棚卸資産回転期間（月）の過去からの推移を確認することも重要です。棚卸資産回転期間（月）は、棚卸資産を平均月商で割って計算します。

| | |
|---|---|
| 棚卸資産回転期間（月） | 棚卸資産 ÷ 平均月商 |

架空在庫を0.1ヵ月分積み増すと、平均月商1,000万円でしたら利益は100万円増加することになります。

ちなみに棚卸資産回転率（回）は、売上高を棚卸資産で割って計算します。

| | |
|---|---|
| 棚卸資産回転率（回） | 売上高 ÷ 棚卸資産 |

## ▶▶ 同業他社との比較

過去からの推移に加えて、同業他社と比較もしてみましょう。同業他社との比較は、中小企業庁の「中小企業実態基本調査」やTKCの「TKC経営指標（BAST）」のホームページで確認できます。

●図表１－10　決算書１枚目の仕組み(2)

FA0203

# 令和 05 年分所得税青色申告決算書（一般用）

| | | | | | |
|---|---|---|---|---|---|
| 住所 | 大阪府大阪市港区夕凪○○－○○ | フリガナ 氏名 | ﾅｶﾀﾞ ﾀﾛｳ 中田 太郎 ㊞ | 依頼税理士等 事務所所在地 | |
| 事業所所在地 | 大阪府大阪市福島区野田○○－○○ | 電話番号 | (自宅) (事業所) | 氏名（名称） | |
| 業種名 | 卸売業　屋号 中田商店 | 加入団体名 | | 電話番号 | |

令和　年　月　日

11134567

## 損益計算書（自 1月 1日 至 12月 31日）

提出用（令和五年分以降用）

| 科目 | | 金額（円） |
|---|---|---|
| 売上（収入）金額（雑収入を含む） | ① | 43495502 |
| 売上原価 期首商品（製品）棚卸高 | ② | [illegible]125446 |
| 売上原価 仕入金額（製品製造原価） | ③ | 34786399 |
| 売上原価 小計（②＋③） | ④ | 37911845 |
| 売上原価 期末商品（製品）棚卸高 | ⑤ | [illegible]893445 |
| 売上原価 差引原価（④－⑤） | ⑥ | 32018400 |
| 差引金額（①－⑥） | ⑦ | 11477102 |
| 経費 租税公課 | ⑧ | 25200 |
| 経費 荷造運賃 | ⑨ | 338210 |
| 経費 水道光熱費 | ⑩ | 335512 |
| 経費 旅費交通費 | ⑪ | 412345 |
| 経費 通信費 | ⑫ | 232554 |
| 経費 広告宣伝費 | ⑬ | |
| 経費 接待交際費 | ⑭ | 485243 |
| 経費 損害保険料 | ⑮ | 132420 |
| 経費 修繕費 | ⑯ | 172200 |

| 科目 | | 金額（円） |
|---|---|---|
| 経費 消耗品費 | ⑰ | 623554 |
| 経費 減価償却費 | ⑱ | 359384 |
| 経費 福利厚生費 | ⑲ | |
| 経費 給料賃金 | ⑳ | 5833400 |
| 経費 外注工賃 | ㉑ | |
| 経費 利子割引料 | ㉒ | [illegible] |
| 経費 地代家賃 | ㉓ | 964000 |
| 経費 貸倒金 | ㉔ | |
| | ㉕ | |
| | ㉖ | |
| | ㉗ | |
| | ㉘ | |
| | ㉙ | |
| | ㉚ | |
| 経費 雑費 | ㉛ | 250542 |
| 経費 計 | ㉜ | 10707915 |
| 差引金額（⑦－㉜） | ㉝ | 769187 |

| 科目 | | 金額（円） |
|---|---|---|
| 各種引当金・準備金等 繰戻額等 貸倒引当金 | ㉞ | 201115 |
| 各種引当金・準備金等 繰戻額等 | ㉟ | |
| 各種引当金・準備金等 繰戻額等 | ㊱ | |
| 各種引当金・準備金等 繰戻額等 計 | ㊲ | 201115 |
| 各種引当金・準備金等 繰入額等 専従者給与 | ㊳ | |
| 各種引当金・準備金等 繰入額等 貸倒引当金 | ㊴ | 217603 |
| 各種引当金・準備金等 繰入額等 | ㊵ | |
| 各種引当金・準備金等 繰入額等 | ㊶ | |
| 各種引当金・準備金等 繰入額等 計 | ㊷ | 217603 |
| 青色申告特別控除前の所得金額（㉝＋㊲－㊷） | ㊸ | 752699 |
| 青色申告特別控除額 | ㊹ | 650000 |
| 所得金額（㊸－㊹） | ㊺ | 102699 |

◉青色申告特別控除については、「決算の手引き」の「青色申告特別控除」の項を読んでください。

◉下の欄には、書かないでください。

| | | | |
|---|---|---|---|
| ㉑ | | ㊵ | |
| ㉒ | | ㊶ | |
| ㉓ | | ㊷ | |
| Ⓐ ㉔ | | ㊹ | |

－1－

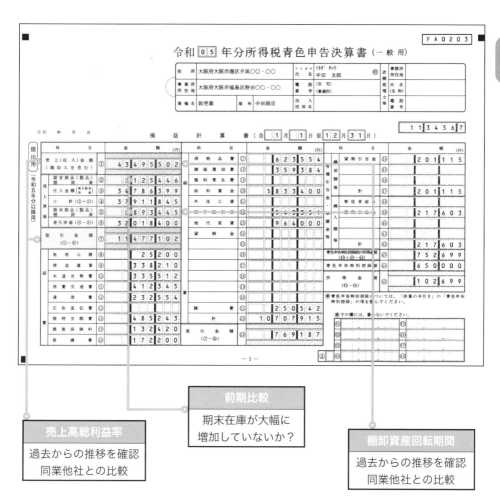

**前期比較**
期末在庫が大幅に増加していないか？

**売上高総利益率**
過去からの推移を確認
同業他社との比較

**棚卸資産回転期間**
過去からの推移を確認
同業他社との比較

# 8 個人事業独特の損益計算書

## 法人の損益計算書

損益計算書は１年間の経営成績を示すものです。また、損益計算書の利益を段階的に計算することによって、利益の発生源泉が明らかにされています。

●図表１－11　利益の発生源泉

| | |
|---|---|
| 売上総利益 | ・商品に会社が生み出した付加価値をのせて販売するため、売上総利益はその会社の商品力を表す。 |
| 営業利益 | ・営業利益は本業の儲けを表す。 |
| 経常利益 | ・営業外収益は受取利息や受取配当金などの金融収益や雑収入などの定款目的外の収益が含まれる。営業外費用には支払利息などの金融費用が含まれる。いずれも本業以外の収益と費用になる。<br>・経常利益は、毎年、経常的に発生する本業と本業以外の利益を指し、会社の適正な収益力を表す。 |
| 税引前当期純利益 | ・経常利益から特別利益や特別損失を加減算し税引前当期純利益を計算する。<br>・特別利益や特別損失とは、固定資産の売却損益や火災損失などの経常的に発生しないものや、過年度の修正項目が含まれる。 |
| 当期純利益 | ・税引前当期純利益から法人税等を控除して最終利益である当期純利益が計算される。 |

## 個人事業独特の損益計算書

個人事業主が使用する損益計算書は、損益計算書のフォームが簡素化されています。法人と比べ利害関係者が少ないことと、個人事業主の事務負担の軽減が目的だと推察されます。

損益計算書上、法人の販売費及び一般管理費、営業外費用は、個人事業主では経費にまとめられています。同様に、法人の営業外収益に含まれる雑収入は、個人事業主では売上金額の下に表示されます。一方、法人の雑収入以

●図表１－12　個人事業主が使用する損益計算書

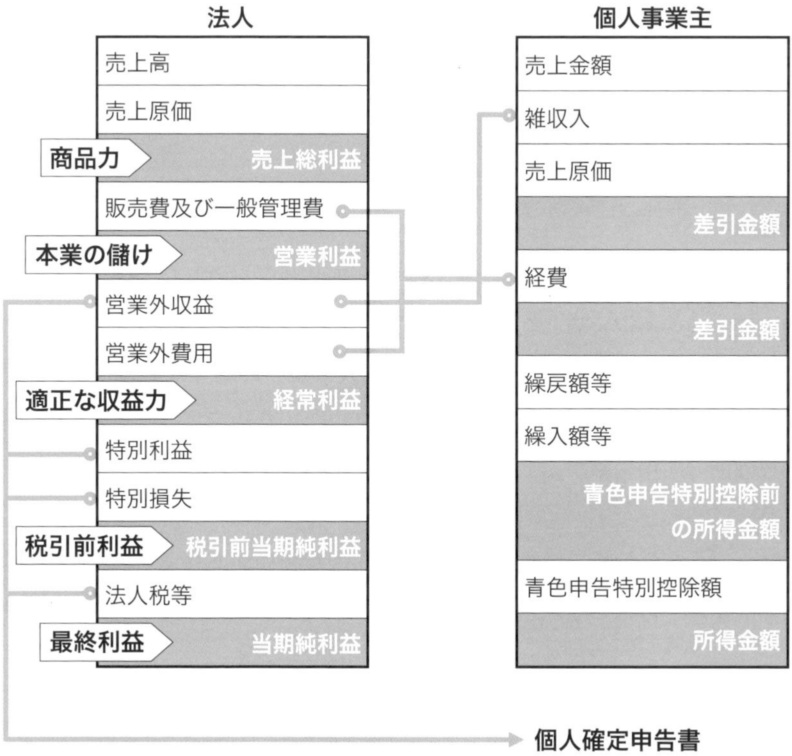

外の営業外収益、特別利益や特別損失、法人税等は、個人では、事業所得の損益計算書ではなくすべての所得が計上される確定申告書に反映されます。

## ▶▶ プライベートな経費

個人事業の損益計算書には、プライベートな経費が混じりやすくなっています。税務調査でもよく指摘のあるところです。自宅開業での家賃については、例えば仕事部屋の床面積割合で必要経費に組み入れることができますが、一度決めた割合は税務署に利益操作を疑われないために毎年使用することがよいでしょう。自宅建物の減価償却費についても、事業割合を算定して必要経費に計上することができます。また、事業割合が10%を超えると住宅ローン控除を100%適用できないため、事業割合はこの点を考慮したほうがよいでしょう。

必要経費は、事業割合が合理的に計算できているか、また、売上に直接貢献しているかがポイントとなります。

## ▶▶ 事業主の給与

個人事業主が事業から取ることができる取り分の目安としては、青色申告特別控除前の所得金額となります。

法人の損益計算書と大きく異なり、個人事業主の給与は経費に計上できず、個人事業の損益計算書には反映されていないためです。仮に青色申告特別控除前の所得金額が赤字の場合は、廃業も視野に入れないといけないでしょう。

法人の生産性分析で労働分配率という主要な指標があります。人件費は費用のなかで一番大きなコストですので、売上総利益と人件費のバランスは非

| | |
|---|---|
| 労働分配率（%） | 人件費 ÷ 付加価値（売上総利益）×100 |

常に重要です。一般的に売上総利益に占める人件費の割合は50%以下が望ましいとされています。

個人事業の損益計算書で労働分配率を算出する際には、毎月、生活費として引き出している金額を個人事業主の給与とみなして人件費に加えて計算しましょう。

## 交際費は使い放題？

法人には交際費の制限があります。資本金１億円以下の中小法人なら800万円までもしくは交際費のうち飲食費の50％は経費として計上できますが、個人事業には制限がありません。だからといって多額の交際費を計上すると、その内容自体を疑われてしまうでしょう。国税庁が発表している2021年統計調査では、資本金1,000万円以下の法人の交際費は、売上10万円あたり523円と公表されています。売上１億円で年間約52万円の交際費ですので、意外と少ない印象を受けます。

## 車の売却はどこに消えた？

事業用の車両を売却した場合を考えてみましょう。100万円の車両を80万円で売却した場合です。法人の損益計算書では、車両売却損として損益計算書の特別損失に計上しますが、個人事業の損益計算書には計上しません。

**法　人**

| 借　方 | 貸　方 |
|---|---|
| 現　金　800,000 | 車　両　1,000,000 |
| 車両売却損　200,000 | |

**個人事業**

| 借　方 | 貸　方 |
|---|---|
| 現　金　800,000 | 車　両　1,000,000 |
| 事業主貸　200,000 | |

譲渡所得

車両売却損ではなく、プライベートな支出を処理する事業主貸勘定を使用し、個人事業の貸借対照表に計上します。

事業主貸勘定を使用して事業所得からは除外しますが、車両の売却損は譲渡所得に含められ他の所得と合算し（図表２－３参照）申告することになります。

## 利息と配当はどこに消えた？

事業用の預金に利息がついた場合はどうでしょう？　法人では受取利息として損益計算書の営業外収益に計上しますが、個人事業では事業主借として、個人事業の貸借対照表に計上します。

**法　人**

| 借　方 | 貸　方 |
|---|---|
| 預　金　　1,000 | 受取利息　1,000 |

**個人事業**

| 借　方 | 貸　方 |
|---|---|
| 預　金　　1,000 | 事業主借　1,000 |

利子所得

受取利息を事業主借勘定で処理することで、事業所得から除外して利子所得に含めます。

受取配当も同様です。法人は受取配当金として損益計算書の営業外収益に

**法　人**

| 借　方 | 貸　方 |
|---|---|
| 預　金　　3,000 | 受取配当金　3,000 |

**個人事業**

| 借　方 | 貸　方 |
|---|---|
| 預　金　　3,000 | 事業主借　3,000 |

配当所得

計上しますが、個人事業は事業主借勘定で処理して事業所得から除外し、配当所得に含めます。

## 家賃収入はどこに消えた？

法人が建物を保有し第三者に貸し付けている場合は、法人は家賃収入として損益計算書の営業外収益に計上します。個人事業の場合は、事業所得ではなく不動産所得として計上します（図表２－３参照）。

**法　人**

| 借　方 | 貸　方 |
|---|---|
| 現　金　　700,000 | 家賃収入　700,000 |

**個人事業**

| 借　方 | 貸　方 |
|---|---|
| 現　金　　700,000 | 事業主借　700,000 |

不動産所得

## 新型コロナに係る助成金

個人事業主の収入が減少したことに対する補償や支払資金などの必要経費の補てんを目的として支給される助成金は、事業所得の雑収入として計上します。持続化給付金、家賃支援給付金、営業時間短縮協力金、雇用調整助成金などが該当します。

# 9 法人成りの提案

## 法人成りのメリットとデメリット

個人事業主が、法人を設立して、事業を続けることを「法人成り」といいます。個人事業主自身も憧れの、代表取締役社長就任です。

法人成りの一番のメリットは、個人より社会的信用価値が高まるということです。法人相手でないと取引しないという取引先もあるでしょうし、法人のほうが融資を受けやすいとか求人をしやすいなどのメリットもあるでしょう。また、安定的に高い所得を出している事業でしたら節税メリットが高いのも法人です。事業承継する際も、法人でしたら自己の株式を、後継者に計画的に譲渡することができます。また、その非上場株式に係る相続税について、一定の条件のもと、金額を納税猶予する制度が2018年から創設されています。

では、法人成りのデメリットを考えてみましょう。まずは法人設立の登記費用です。自分で登記することもできますが、専門家に頼むと30万円～40万円ぐらいかかります。事務手数料が増えることもあって、税理士の顧問報酬が増加しますし、税務調査の確率が高くなることもデメリットの１つです。コスト面での大きなデメリットとしては、法人は社会保険の加入が義務づけられていますので、社会保険料の負担が発生することでしょう。ただし、事故によって障害を負った時の障害厚生年金や、死亡した時の遺族への遺族厚生年金は個人年金加入時より手厚い保障となっています。リスク回避という面では、大きなメリットといえます。

●図表1－13　法人成りのメリットとデメリット

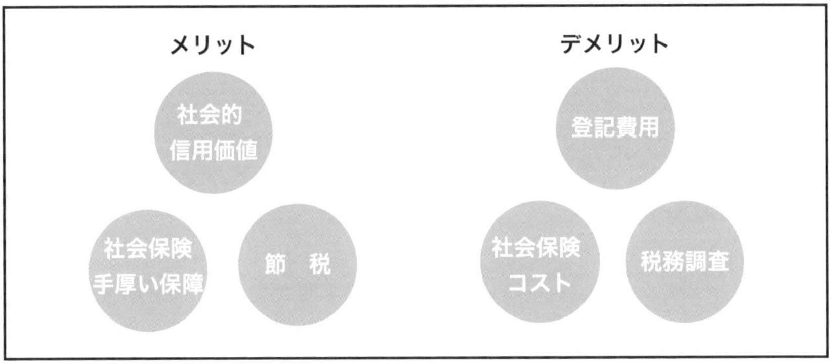


業界団体の組合で加入できる健康保険は比較的安く、法人に引き継げる場合がありますので、法人成りの前に確認しておきましょう。

## ▶▶ 節税のメリット❶　消費税

法人成りによる節税のメリットで一番わかりやすいのは、消費税の免除です。

現行の消費税では、適用年の２年前の課税売上が1,000万円を超えた場合、もしくは適用年の前年の上半期の課税売上かつ前年の上半期の給与支払額が1,000万円を超えた場合には、消費税の課税事業者となり消費税を納めなくてはなりません。

つまり、法人成りで個人事業を会社事業とした場合、設立した会社は個人事業主とは別人格になり、それぞれ会社としての前々期の課税売上が存在しないので、最大２年間は消費税が免除されるということです。ただし、ここでの注意点は期首の資本金です。免除されるのは資本金が1,000万円未満の会社であり、1,000万円以上であれば、設立１期目２期目は納税義務の免除は受けることができませんので注意しましょう。

通常は上記のように、法人設立をすると１期目と２期目は免税となりますが、2,000万円超の売上がある法人は２期目から課税事業者となるケースが

●図表1－14　節税のメリット（消費税）

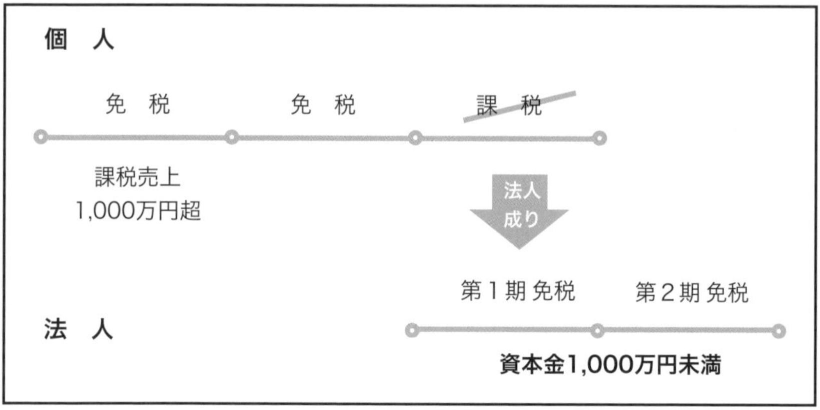


●図表1－15　節税のメリット（法人（資本金1,000万円未満））

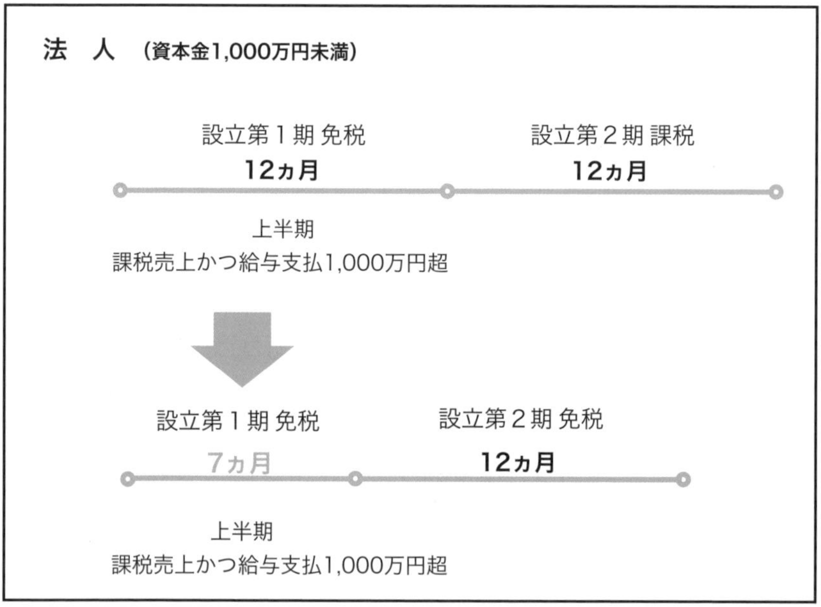

あります。適用事業年度（設立２期目）の前事業年度（設立１期目）開始の日以後６ヵ月の期間を「特定期間」といいますが、その「特定期間」の課税売上が1,000万円超であったら、設立２期目は消費税の課税事業者となってしまいます。「特定期間」の課税売上の代わりに「特定期間」の給与支払額を判定の基準とすることもできますが、課税売上と給与支払額のどちらも1,000万円超なら設立２期目は課税事業者となり、設立１期目のみの免税となります。

ここでの節税のポイントは設立１期目の事業年度です。「短期事業年度」という特例があり、法人設立日から前事業年度終了日まで６ヵ月の期間があっても、前事業年度が７ヵ月以下の場合は、その期間は「特定期間」に該当しません。したがって、設立１期目の事業年度を７ヵ月以下にすることで、設立２期目も消費税の免税事業者となりますので、最大で１年７ヵ月の間、消費税を納めなくてもよくなります。

個人事業主で課税売上が1,000万円を超えたら、法人成りを検討するタイミングとなります。

## ▶▶ 節税のメリット❷　給与所得控除

個人事業主は事業所得として所得税がかかりますが、法人成りをすると法人に対しては法人税、個人に対しては給与所得として所得税がそれぞれかかることになります。例えば、事業所得800万円の個人事業主が、法人成りをして800万円の給与を受け取るとしましょう。法人に対しては所得が０円ですので法人税はかかりません。一方、社長に対しては800万円の給与に対して所得税がかかることになります。

法人成りで節税効果の最も大きいものの１つが給与所得控除です。給与については、年収からその金額に応じた給与所得控除額を控除できます。

800万円の給与でしたら190万円の給与所得控除額が控除されるので、給与所得としては610万円となります。

●図表１－16　節税のメリット（給与所得控除）

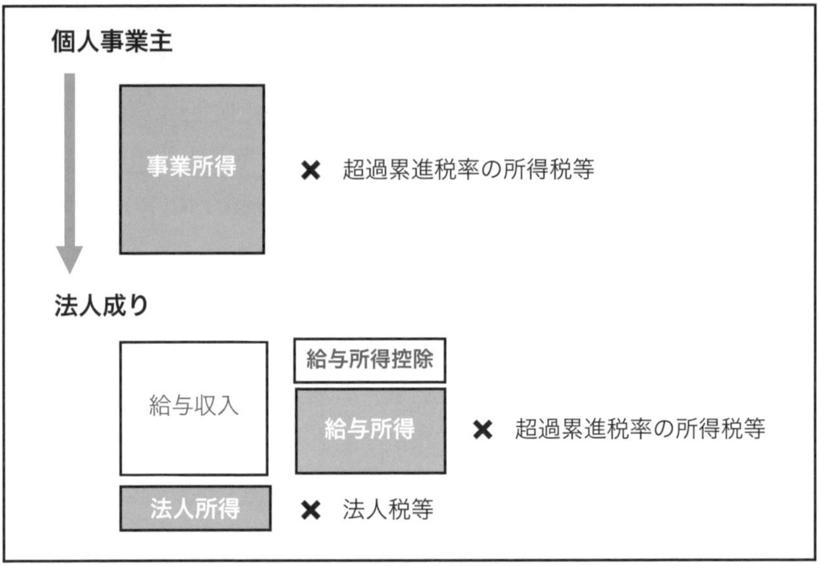


●図表１－17　個人事業主の税負担率（2023年度）

| 課税所得 | 税負担率（所得税・住民税・事業税） |
|---|---|
| 5,000,000円 | 約24% |
| 10,000,000円 | 約30% |
| 20,000,000円 | 約40% |

●図表１－18　法人の実効税率（2023年度）

| | 課税所得 | 実効税率※（法人税、住民税、事業税） |
|---|---|---|
| 中小法人 | 8,000,000円以下の部分 | 約23% |
| | 8,000,000円超の部分 | 約34% |
| 大法人 | | 約30% |

※外形標準課税は含まない

800万円の所得（事業所得）を法人成りすることによって610万円の所得（給与所得）に減額することができます。

## 節税のメリット❸　法人税率

大法人の実効税率はおおよそ30%となっています。さらに資本金１億円以下の中小法人は800万円以下の課税所得に対する実効税率はおおよそ23%です。

一方、個人事業の課税所得に対する税金は、超過累進税率の所得税、個人住民税、個人事業税がかかります。例えば、5,000万円の課税所得なら合わせて約2,500万円の税金がかかりますので、実に課税所得の半分が税金となります。課税所得500万円なら約24%の税金負担ですので、法人成りを検討するタイミングとしては、中小法人の実効税率を上回る課税所得500万円が１つのラインとなります。

## 節税のメリット❹　欠損金の繰越

一時的に出た赤字は、青色申告の個人事業主は３年間にわたり繰り越すことができますが、法人成りをすると10年間繰り越すことができます。赤字が出た場合の翌期以降の税負担が大きく違うことになります。ちなみに、諸外国の欠損金繰越は、シンガポール、イギリス、アメリカなどは無期限となっています。

## 節税のメリット❺　生命保険料

生命保険料の支払いは、個人ではどれだけ支払っても最大で12万円の控除が限度ですが、法人成りをすると、原則、全額を経費にすることができます。

## 節税のメリット❻　社宅家賃

自宅が賃貸住宅なら、その家賃はプライベートなものなので、必要経費にはなりません。法人成りで、社宅として法人が家主と契約することによって、家賃の少なくとも半分は経費にすることができます。

なお、賃貸住宅がマンションで床面積99㎡以下の場合、「小規模住宅」に該当します。「小規模住宅」の社宅家賃は、不動産の課税標準額をもとに計算しますので、社長から徴収する社宅家賃を低く抑えることができ物件によっては家賃の８割～９割を経費にすることができます。賃借人でしたら、役所に賃貸借契約書と本人確認書類を提示すれば、賃借している不動産の課税標準額が記載されている公課証明書を取得することが可能です。

●図表１－19　法人成りのタイミング（青色申告決算書１枚目）

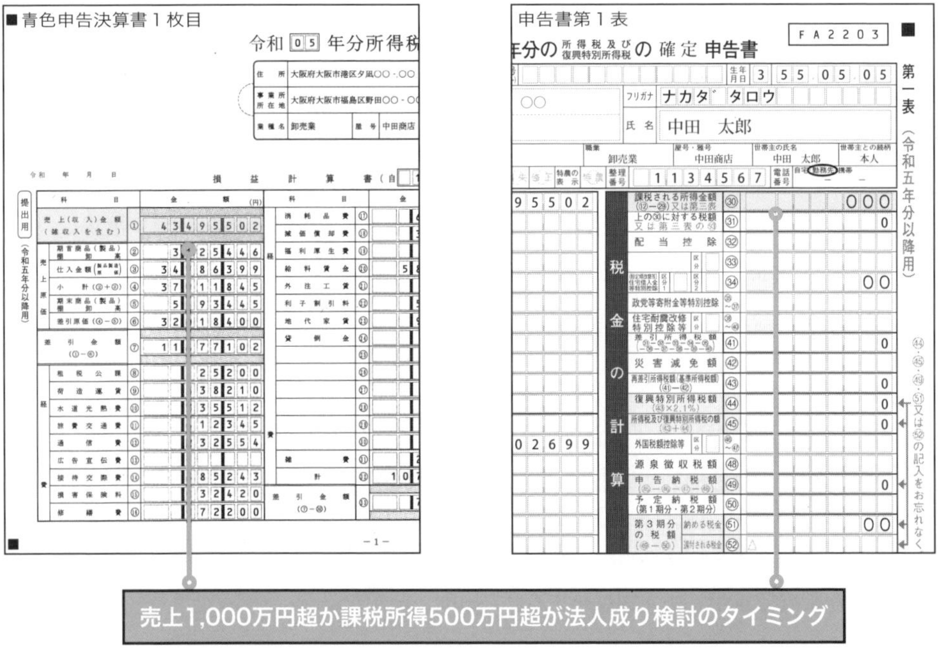

# 10 手厚い保障 厚生年金



## 社会保険料の負担増

社長の給与を出すことで、給与所得控除という節税メリットを受けることができますが、ここで忘れてはいけないのが社会保険料です。法人は、社会保険への加入が義務づけられていますので、国民健康保険、国民年金から各種健康保険、厚生年金へ変更となります。ともに法人と個人が折半して負担しているため法人負担を含めると、給与の約３割相当額が社会保険料となります。障害厚生年金や遺族厚生年金での保障の充実、および将来の受取額が増えるので国民年金に比べ老後の不安が解消されることにはなりますが、コストとして負担増となるため、法人成りの際には忘れずに検討しましょう。

## 老齢年金

国民年金に加入している人が「老齢」により受給する年金を老齢基礎年金といいます。厚生年金に加入している人は、老齢基礎年金に上乗せで老齢厚生年金を受給することができます。また、厚生年金に加入している人に扶養されている配偶者は、国民年金保険料を支払うことなく老齢基礎年金の支給を受けることができます。

「扶養」の条件は、社会保険と所得税で異なります。社会保険は年間収入が130万円未満、所得税は合計所得金額が48万円以下となっています。

無年金者対策として、2017年８月から、年金を受け取るために必要な期間（保険料納付済等期間）が25年から10年に短縮されました。

●図表1－20　老齢年金

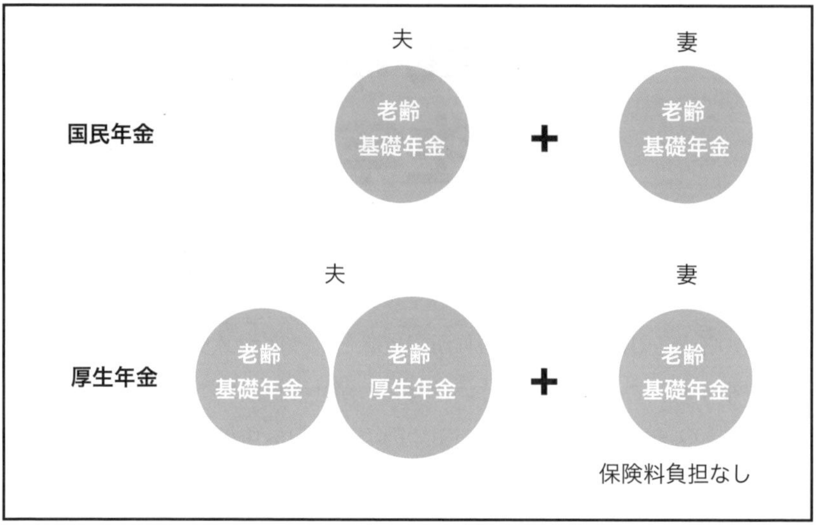


また、2024年度の年金額は全国消費者物価指数により前年度の年金額から2.7%のプラス改定となります。

では、将来の年金受取額を計算してみましょう。あくまで目安の簡便計算となります。将来受け取ることができる年間受取額は、老齢基礎年金は、保険料を支払った年数に20,400円を乗じます。老齢厚生年金は、保険料を支払った年数 × 平均月収 × 6.6%で計算します。ただし、厚生年金保険料は標準報酬月額65万円が上限となっていますので、この簡便計算を使用する場合の最大月収は65万円となります。

| | |
|---|---|
| 老齢基礎年金（簡便計算） | 保険料を支払った年数×20,400円 |
| 老齢厚生年金（簡便計算） | 保険料を支払った年数×平均月収×6.6% |

例えば、個人事業主が40年間、国民年金の保険料を支払った場合には、40年 × 20,400円で年間約82万円の年金受取額となります。一方、厚生年金加入者は、平均月収50万円で40年間保険料を支払った場合には、40年 ×

50万円 × 6.6% ＝132万円が老齢基礎年金約82万円に加算されますので、合計で年間約214万円が年金受取額となります。

配偶者（例として妻）はどちらの場合であっても、老齢基礎年金約82万円の受取となりますが、厚生年金の場合は保険料の負担がありません。



## 遺族年金

年金というと老後生活を支える老齢年金をイメージしますが、配偶者（例として夫）が死亡した場合には遺族年金が支給されます。国民年金の場合は、原則として妻に18歳未満の子供がいる間は遺族基礎年金が支給されますが、子供が18歳に達すると支給を受けることができません。

厚生年金の場合は、遺族厚生年金の支給を受けることができます。遺族厚生年金は、配偶者（例として夫）の死亡時から生涯支給を受けることができます。さらに子供が18歳に達するまでは、遺族基礎年金が加算、夫の死亡後、子供が18歳に達した時に妻が40歳以上であれば、妻が65歳に達するま

●図表１－21　遺族年金

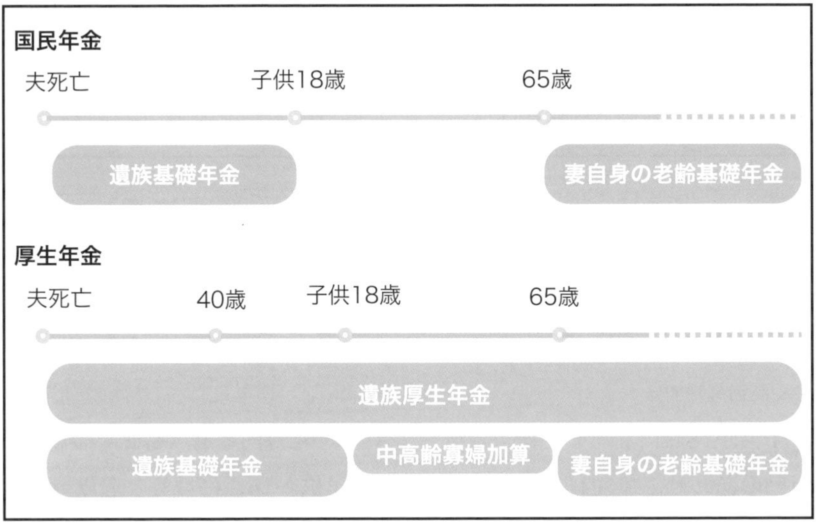

では中高齢の寡婦加算があります。遺族基礎年金の支給停止から、65歳の老齢基礎年金の支給開始までの期間を埋めてくれるのが中高齢寡婦加算となります。

遺族基礎年金は年額816,000円に、子供の加算が一人につき234,800円（第一子・第二子）となります（2024年度）。

●図表１－22　遺族基礎年金の年金額（2024年度）

| | 妻のみ | 妻と子供一人 | 妻と子供二人 | 妻と子供三人 |
|---|---|---|---|---|
| 遺族基礎年金 | 0円 | 約105万円 | 約129万円 | 約136万円 |

遺族厚生年金は、死亡した配偶者（例として夫）の老齢厚生年金の４分の３が支給されます。厚生年金加入中に死亡し加入期間が短い場合には、最低25年間は保険料を支払ったとみなして計算することができます。

●図表１－23　遺族厚生年金（簡便計算）と中高齢の寡婦加算

| | |
|---|---|
| 遺族厚生年金（簡便計算） | 保険料を支払った年数×平均月収×6.6％×$\frac{3}{4}$ |
| 中高齢の寡婦加算 | 年額612,000円（2024年度） |

例えば、家族構成が夫（35歳）妻（30歳）子（２歳）の家庭で、平均月収50万円の夫が死亡したケースを考えてみましょう。

遺族厚生年金　最低年数25年×平均月収50万円×6.6%×3/ 4　＝年額約62万円

遺族基礎年金　年額816,000円(2024年度)＋子供１人234,800円　＝年額約105万円

中高齢寡婦加算　年額約61万円

子供が18歳になるまでは、遺族厚生年金約62万円と遺族基礎年金約105万円のあわせて年額167万円の支給です。子供が18歳になると遺族厚生年

金約62万円と中高齢寡婦加算約61万円で年額123万円、妻が65歳になると、遺族年金としては遺族厚生年金約62万円のみの支給となります。

一方、国民年金の加入者は、子供が18歳に達するまでの遺族基礎年金約105万円のみとなりますので、厚生年金加入者とは大きな違いがあります。

どちらの場合も妻が65歳になると自分の老齢基礎年金の支給が開始されます。夫の死亡後も家計の許す限り国民年金保険料を納付して老齢基礎年金額を増やしておきましょう。

ただし、夫の死亡時に、妻の年収が850万円以上である場合、基本的に遺族年金の受給はできないので注意しましょう。

なお、遺族年金は、非課税で受給できます。

また、事実婚（内縁関係）であっても、生計維持関係の要件を満たしていれば、受給資格があります。

## 障害年金

不慮のケガや病気などで障害のある状態になったとき、障害年金が支給されます。障害等級によって支給額は異なりますが、国民年金加入者は障害等級１級２級までは障害基礎年金の支給を受けることができます。厚生年金加

●図表１－24　障害年金

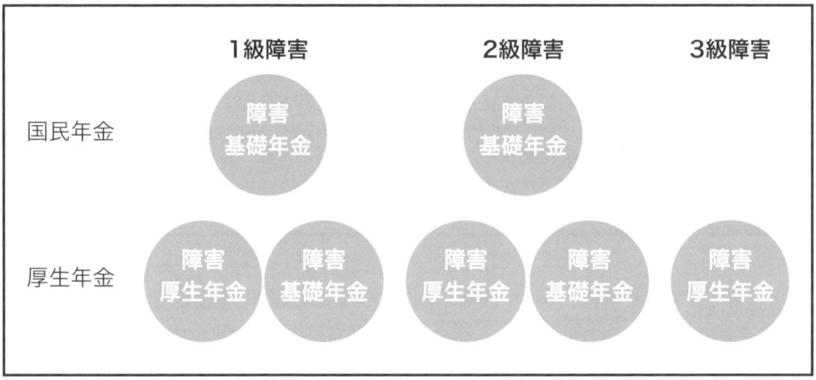

入者は、障害基礎年金に加えて、障害等級１級から３級まで障害厚生年金の支給を受けることができます。

２級障害の障害基礎年金は、老齢基礎年金と同じで、年額816,000円に18歳未満の子供の加算が１人につき234,800円（第一子・第二子）となります。１級障害の障害基礎年金は、年額816,000円の1.25倍で、子供の加算は２級障害と同様です（2024年度）。

●図表１－25　障害基礎年金の年金額（2024年度）

| | 妻のみ | 子供１人 | 子供２人 | 子供３人 |
|---|---|---|---|---|
| 3級<br>障害基礎年金 | 0円 | 0円 | 0円 | 0円 |
| 2級<br>障害基礎年金 | 816,000円 | 約105万円 | 約129万円 | 約136万円 |
| 1級<br>障害基礎年金 | 1,020,000円 | 約125万円 | 約149万円 | 約157万円 |

あくまで目安の簡便計算となりますが、障害厚生年金は、３級障害については老齢厚生年金と同じく保険料を支払った年数 ×平均月収 × 6.6%で計算します。２級障害は、年数 × 平均月収 × 6.6%に加えて一定の要件を満たす配偶者がいれば、配偶者の加給年金額234,800円を加算します（2024年度）。さらに１級障害は、年数 × 平均月収 × 6.6%に1.25倍を乗じて、配偶者がいれば配偶者の加給年金額234,800円を加算します（2024年度）。

●図表１－26　障害厚生年金の年金額（簡便計算）

| | | |
|---|---|---|
| ３級障害厚生年金 | 保険料を支払った年数×平均月収×6.6% | |
| ２級障害厚生年金 | 保険料を支払った年数×平均月収×6.6% | 配偶者の加給年金<br>234,800円 |
| １級障害厚生年金 | 保険料を支払った年数×平均月収×6.6%×1.25 | 配偶者の加給年金<br>234,800円 |

厚生年金の加入者は、障害厚生年金にあわせて障害基礎年金も支給されます。ここでも国民年金加入者とは大きな違いがあります。

なお、障害年金も、非課税で受給できます。

社会保険料の負担は増加しますが、老後の生活サポート、現役時代のリスク回避となります。なお、法人および５人以上の従業員がいる個人事業主は、原則として社会保険に加入する義務がありますが、飲食業や理美容業などを営む個人事業主は、従業員が５人以上であっても、任意適用となっています。

2022年10月から５人以上の士業事業所も厚生年金の強制雇用となりました。

# 11 倒産リスクをサポート 中小企業倒産防止共済

## 中小企業倒産防止共済の概要

中小企業倒産防止共済制度とは、取引先の倒産による経営危機を回避するために、国がつくった貸付制度です。経営セーフティ共済とも呼ばれます。取引先が倒産した場合、回収困難となった売掛債権と掛金総額の10倍のいずれか少ないほうの金額の貸付を、無担保・無保証人・無利息で受けることができます。例えば、取引先に対する売掛債権が5,000万円、貸倒れたとしましょう。掛金総額が300万円であった場合、貸倒債権5,000万円＞3,000万円（掛金総額300万円×10倍）で、3,000万円の貸付を受けることができます。ただし、貸付金額の10%は、積み立てた掛金総額から控除されます。

掛金は月5,000円から20万円の範囲内で自由に選ぶことができ、掛金総額が800万円になるまで積み立てることができます。

個人事業主は事業所得者に限られますが､掛金は必要経費に算入できますし、１年分前払いができるので､翌年分も合わせて必要経費にすることができます。

課税の繰り延べという意味では、節税になりますし、取引先の倒産リスクの回避という観点からも、加入しておきたい共済制度です。

この制度を利用する際には、３つの注意点があります。

１つ目は、解約する場合、加入期間が40ヵ月未満であれば元本割れとなります。月5,000円からでも早めに加入して40ヵ月間の加入期間を確保するようにしましょう。40ヵ月以上で解約返戻率は100％となります。

２つ目も解約のタイミングです。一部解約が認められず、掛金金額が戻っ

●図表１－27　中小企業倒産防止共済の概要

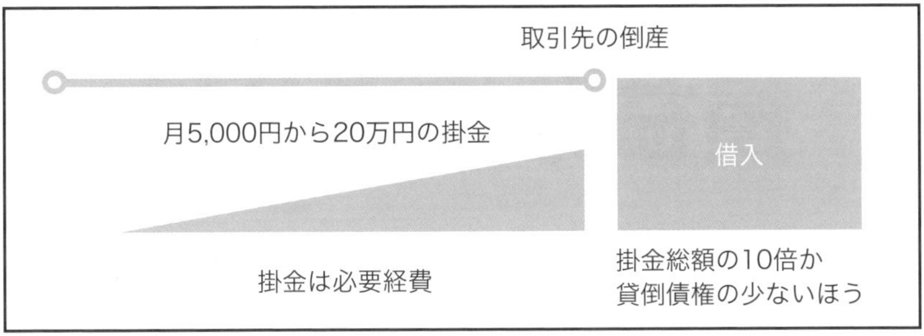


てくるため所得が高くなり、超過累進課税で税負担が重くなる場合があります。所得が低いときに、解約するようにしましょう。また、倒産以外の事由でも解約手当金の範囲内で一時貸付金の貸付を受けることができます。加入期間が40ヵ月未満で元本割れとなる場合や、所得が高く税負担が重い場合で、資金が必要なときは解約より貸付を利用しましょう。

３つ目は、取引先が倒産した場合、取引先の倒産後６ヵ月を過ぎると貸付を受けることができなくなりますので、早めに貸付請求を行いましょう。

## ▶▶ 加入資格

１年以上事業を継続していることが加入要件となりますので、開業１年目は加入することができません。また、一定の中小法人や事業所得を営む個人事業主が対象ですので、例えば、不動産貸付業のみを行っている場合は不動産所得となり、掛金は必要経費として認められませんので注意が必要です。

法人成りをする場合には、掛金を引き継ぐことができますが、医療法人などは加入資格がありませんので、法人成りをする際には解約する必要があります。

## ▶▶ 2024年度税制改正

解約してから再契約する場合、２年以内は必要経費にすることができなくなりました。2024年10月１日以後の解約分から適用されます。

# 12 損益分岐点分析

## 変動費と固定費

費用総額と等しくなる売上高を損益分岐点売上高といいます。損益分岐点売上高を計算するには、まず総費用をその性質により変動費と固定費にわけます。売上高の増減によって変動する仕入などの費用を変動費、売上高の増減にかかわらず発生する家賃などの費用を固定費といいます。実際には、売上原価を変動費として、それ以外を固定費と考えてもよいでしょう。また、製造原価を使用しているなら材料費と外注加工費を変動費と考えます。売上高から変動費を控除したものを限界利益といいます。

●図表１－28　変動費と固定費

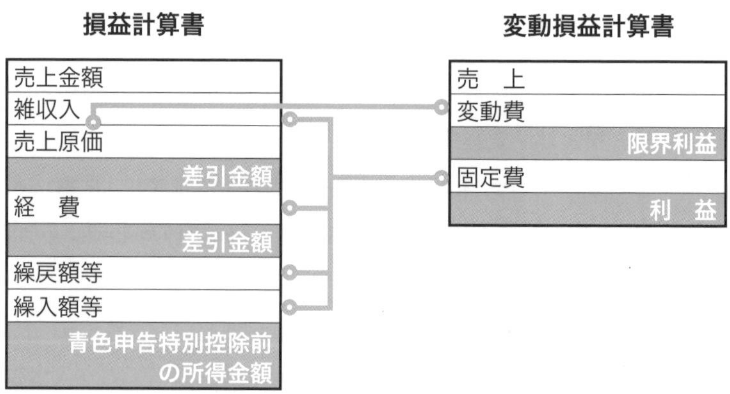

## 損益分岐点売上高

例えば、売上に対する変動費の割合が80%、固定費が100万円かかっている事業の損益分岐点売上高を求めてみましょう。変動損益計算書のフォームを書いて、下から数字を埋めていきます。損益分岐点なので利益は0です。次に固定費を100万円と記載します。ということは、限界利益は固定費と同額であれば利益は0ということになりますので、限界利益は100万円と記載します。

| | | |
|---|---|---|
| 売　上 | | |
| 変動費 | | 80% |
| 限界利益 | 100万円 | |
| 固定費 | 100万円 | |
| 利　益 | 0 | |

売上高に対する変動費の割合が80%ですので、売上高に対する限界利益の割合は（1－80%）＝ 20%ということになります。限界利益100万円を限界利益率20%で割り戻すと損益分岐点売上高500万円が算出できます。

| | | |
|---|---|---|
| 売　上 | 500万円 | |
| 変動費 | | 80% |
| 限界利益 | 100万円 | 20% |
| 固定費 | 100万円 | |
| 利　益 | 0 | |

## 目標所得金額

実際に青色申告特別控除前の目標額を達成するための目標売上高を次ページの青色申告決算書から算出してみましょう。個人事業の損益計算書には事業主給与が含まれていませんので、目標額は個人事業者の確保したい取り分と考えたらわかりやすいでしょう。

仮に個人事業主が月50万円の取り分は欲しいとするなら、青色申告特別控除前の目標所得金額は600万円となります。

## 決算書１枚目から変動費率と固定費を算出しましょう

変動費は売上原価32,018,400円ですので、変動費率は売上原価32,018,400円 ÷ 売上金額43,495,502円 × 100 ＝ 約74%となります。固定費は経費10,707,915円に貸倒引当金繰戻201,115円を減算して貸倒引当金繰入217,603円を加算し、約1,070万円を算出します。

## 目標売上高を算出しましょう

目標所得金額は600万円なので、変動損益計算書のフォーム（図１－28）の利益は600万円と記載します。次に固定費は1,070万円でしたので、目標の限界利益は利益600万円と固定費1,070万円の合計額1,670万円となります。

変動費率は74%でしたので、限界利益利率は（１－74%）＝ 26%です。目標限界利益1,670万円を26%で除して、目標売上高6,423万円を算出することができます。

現状の売上が4,349万円ですので、約1.5倍の売上が必要となります。仮に約1.5倍の売上目標が現実的でないとすると、変動費率の改善、固定費の削減、目標利益の見直しが必要となります。損益分岐点分析を利用して様々なパターンをシミュレーションしてみましょう。

●図表1－29　固定費の算出

FA0203

令和05年分所得税青色申告決算書（一般用）

| | | | | | |
|---|---|---|---|---|---|
| 住所 | 大阪府大阪市港区夕凪〇〇－〇〇 | フリガナ 氏名 | ﾅｶﾀﾞ ﾀﾛｳ 中田　太郎　㊞ | 依頼税理士等 事務所所在地 | 大阪市福島区福島〇〇〇〇 |
| 事業所所在地 | 大阪府大阪市福島区野田〇〇－〇〇 | 電話番号 | （自宅）（事業所） | 氏名（名称） | なかだ税理士事務所 |
| 業種名 | 卸売業　屋号　中田商店 | 加入団体名 | | 電話番号 | |

令和　年　月　日

11134567

損益計算書（自1月1日至12月31日）

提出用（令和五年分以降用）

| 科目 | | 金額（円） |
|---|---|---|
| 売上（収入）金額（雑収入を含む） | ① | 43495502 |
| 売上原価　期首商品（製品）棚卸高 | ② | 3125446 |
| 仕入金額（製品製造原価） | ③ | 34786399 |
| 小計（②＋③） | ④ | 37911845 |
| 期末商品（製品）棚卸高 | ⑤ | 5893445 |
| 差引原価（④－⑤） | ⑥ | 32018400 |
| 差引金額（①－⑥） | ⑦ | 11477102 |
| 経費　租税公課 | ⑧ | 25200 |
| 荷造運賃 | ⑨ | 338210 |
| 水道光熱費 | ⑩ | 335512 |
| 旅費交通費 | ⑪ | 412345 |
| 通信費 | ⑫ | 232554 |
| 広告宣伝費 | ⑬ | |
| 接待交際費 | ⑭ | 485243 |
| 損害保険料 | ⑮ | 132420 |
| 修繕費 | ⑯ | 172200 |

| 科目 | | 金額（円） |
|---|---|---|
| 経費　消耗品費 | ⑰ | 623554 |
| 減価償却費 | ⑱ | 359384 |
| 福利厚生費 | ⑲ | |
| 給料賃金 | ⑳ | 5833400 |
| 外注工賃 | ㉑ | |
| 利子割引料 | ㉒ | 543351 |
| 地代家賃 | ㉓ | 964000 |
| 貸倒金 | ㉔ | |
| | ㉕ | |
| | ㉖ | |
| | ㉗ | |
| | ㉘ | |
| | ㉙ | |
| | ㉚ | |
| 雑費 | ㉛ | 250542 |
| 計 | ㉜ | 10707915 |
| 差引金額（⑦－㉜） | ㉝ | 769187 |

| 科目 | | 金額（円） |
|---|---|---|
| 各種引当金・準備金等　繰戻額等　貸倒引当金 | ㉞ | 201115 |
| | ㉟ | |
| | ㊱ | |
| 計 | ㊲ | 201115 |
| 繰入額等　専従者給与 | ㊳ | |
| 貸倒引当金 | ㊴ | 217603 |
| | ㊵ | |
| | ㊶ | |
| 計 | ㊷ | 217603 |
| 青色申告特別控除前の所得金額（㉝＋㊲－㊷） | ㊸ | 752699 |
| 青色申告特別控除額 | ㊹ | 650000 |
| 所得金額（㊸－㊹） | ㊺ | 102699 |

◉青色申告特別控除については、「決算の手引き」の「青色申告特別控除」の項を読んでください。

◉下の欄には、書かないでください。

| | | | | |
|---|---|---|---|---|
| | 91 | | 95 | |
| | 92 | | 96 | |
| | 93 | | 97 | |
| Ⓐ | 94 | | 98 | |

－1－

**変動費率**

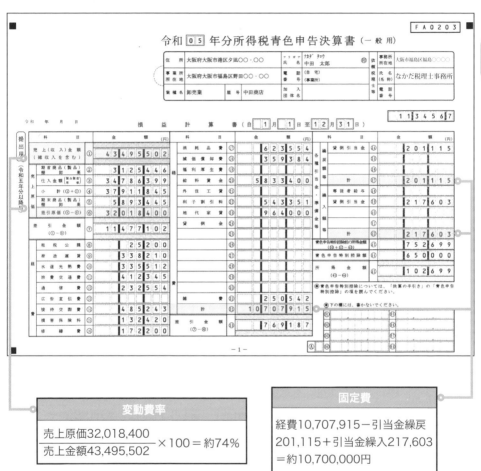

$$\frac{\text{売上原価}32{,}018{,}400}{\text{売上金額}43{,}495{,}502}\times 100 = \text{約}74\%$$

**固定費**

経費10,707,915－引当金繰戻201,115＋引当金繰入217,603＝約10,700,000円

# 13 伴走支援型特別保証制度（コロナ借換保証）

## コロナ借換保証の概要

コロナ禍で実質無利子・無担保で融資を受けていた民間ゼロゼロ融資の返済開始時期が集中して始まることから、保証料率の大幅な引下げや民間ゼロゼロ融資からの借り換えに加え、事業再構築等の前向き投資に必要な新たな資金需要にも対応する借換保証制度が、2023年１月に改正されました。

一定の要件（売上または利益率が５％以上減少）を満たした事業者が、「経営行動計画書」を作成し、金融機関による継続的な伴走支援（モニタリング）を受けることが条件です。

## 経営行動計画書

「２．現状認識」では、外部環境の「機会」や「脅威」、自社の事業の「強み」や「弱み」を分析します。外部環境は、コントロールできない変化で、「機会」は、自社にとってビジネスのチャンスや追い風になるような環境の変化、「脅威」は、逆にマイナスの影響を与えるような環境の変化を記載します。コロナ禍において、なぜ売上が減少しているのかを分析します。自社の弱みを克服するような経営課題を抽出しますが、課題は、売上の確保と経費の削減の２つの視点から、網羅的に抽出しましょう。

「４．計画終了時点における将来目標」では、具体的な将来目標を記載しますが、自社の「強み」と外部環境の「機会」を組み合わせて、ビジネスチャンスに自社の強みを活かせるような戦略が、一番成功しやすい戦略となります。

「5．具体的なアクションプラン」は、その課題に取り組む具体的な行動計画を立てましょう。計画に時間をかけすぎるのではなく、行動が疎かにならないように、小さな行動を素早く行い、その行動の中から、本質的な課題や顧客ニーズをとらえ新たな行動に移すサイクルを、金融機関との対話を通じて繰り返すことが大切です。

「6．収支計画及び返済計画」では、大まかな5年間の数値計画を策定します。計画策定前で大幅な赤字である場合、資金調達が可能であれば、計画3年目くらいで黒字確保、計画5年目くらいで返済額の半分は返済できるような数値計画が現実的です。

個人事業主の場合、「税引き後当期純利益」は、専従者給与や青色申告特別控除額を控除する前の「差引金額」から、所得税や住民税など（必要経費に算入されていない税金）を控除した金額です。最終的には、毎年の借入金返済額の原資をまかなえるだけの「税引き後当期純利益」が目指すべき利益です。「減価償却費」は必要経費に算入していますが、お金の支出を伴わないので、一般的には、「税引き後当期純利益」＋「減価償却費」が「借入金返済額」の返済原資となります。

一方、個人事業主の場合は、「税引き後当期純利益」＋「減価償却費」－「事業主貸勘定の増加額」＋「事業主借勘定の増加額」が「借入金返済額」の返済原資となります。事業主貸勘定や事業主借勘定は事業用資金からプライベートへの入出金を集計しています。会計ソフトで「事業主貸勘定」の補助科目（生活費、保険料、教育費、娯楽費、旅行代など）を設定して、お金の支出を管理しましょう。

どれだけのお金の支出があるのか、どれだけの利益があれば返済していけるのか、この機会に、どんぶり勘定からの脱却をはかりましょう。

計画策定日： 令和 ○ 年 ○ 月 ○ 日

# 経営行動計画書

## 1．事業者名等

| | |
|---|---|
| 住所 | ○○○○○○○○○ |
| 法人名<br>代表者名<br>又は氏名 | 株式会社○○○○○○○○○<br>代表取締役○○○○○○○○ |

【○○銀行】 との対話を通して、現状認識及び今後のアクションプランを策定しました。
今後 【○○銀行】 との対話を継続し、アクションプランに取組み、進捗の報告を行います。

【情報提供の同意】
伴走支援型特別保証制度を利用するにあたり、 【○○銀行】 が保有する以下に掲げる当社(私)の情報を以下に掲げる利用目的のために、信用保証協会及び経済産業省に対して提供することについて同意いたします。

| 1．提供する情報 | 2．提供先における利用目的 |
|---|---|
| ①決算・税務申告及び財務評価に関する情報 ②業種・従業員数 | 政策効果の検証 |

＊事業者名は経済産業省に提供されません。

【確認状況記載欄】
本計画書が申込人の意思に基づいて正しく記載されていること及び情報提供の同意について、次の通り確認しております。

| 確認年月日 | 確認時間 | 確認方法（該当する項目にチェック） | 金融機関本支店名・確認者 |
|---|---|---|---|
| 令和○年○月○日 | ○時○分 | ☑電話 □来店面談 □訪問面談 □その他（ ） | ○○銀行△△支店保証太郎 |

## 2．現状認識(※1)

| No. | 項目 | 内容 |
|---|---|---|
| ① | 事業概要 | 自動二輪車販売 |
| ② | 外部環境<br>事業の強み・弱み | 県内３市町村にてオートバイ販売・修理を行っている。外部環境に関して、コロナ禍においてツーリング需要が高まったものの、原材料不足により新車の納車が遅れているため売上改善には至っていない。<br>近隣の競合他社に比べ、付帯サービスの価格が安く強みとなっているものの、売上げの確保が課題となっている。 |
| | （課題） | 売上げの確保。 |
| ③ | 経営状況<br>財務状況 | 直近期では長引くコロナ禍による消費落ち込みの影響から売上が減少し、人件費を賄えず営業損失を計上。<br>人件費の削減を含めた販管費削減を検討中。また、金融債務が重く、資金繰りに支障をきたしている。 |
| | （課題） | 販管費を多く計上し、営業損失を計上してしまっている。 |

## 3．財務分析

| 直近の決算期 | 令和５年３月期 | | |
|---|---|---|---|
| ①売上増加率(売上持続性)(%) | -5.0 | ④EBITDA有利子負債倍率(健全性)(倍) | 22.0 |
| ②営業利益率(収益性)(%) | -1.8 | ⑤営業運転資本回転期間(効率性)(か月) | 3.0 |
| ③労働生産性(生産性)(千円) | -300 | ⑥自己資本比率(安全性)(%) | 10.0 |

＊表中の財務指標はローカルベンチマークにおける6指標となります。(※2)
個人事業主の方は①②③のみ記載してください。

**金融機関名**
申込金融機関名を記載

**情報提供の同意**
申込金融機関が申込人に対し、情報提供について十分に説明を行い、同意を得る

**確認状況記載欄**
申込金融機関は、申込人から情報提供の同意を得たことを記載

**現状認識**
自社概要、外部環境、自社の事業の強み・弱み、経営状況・財務状況、課題を記載

**財務分析**
前年の確定申告書で財務指標を計算して記入。個人事業主は①から③の項目のみ

**売上増加率**
(前年の売上÷前々年の売上)−1

**営業利益**
青色申告：経費差引後の「差引金額」
白色申告：「専従者控除前の所得金額」

**営業利益率**
営業利益÷売上高

**労働生産性**
営業利益÷従業員数
※個人事業主のみの場合は１人とする

**個人事業主**
④、⑤、⑥は記載不要

令和５年１月１０日改正版

## ４．計画終了時点における将来目標

＊「２．現状認識」を踏まえた計画終了時点における事業の具体的な将来目標を記載してください。直近決算の売上高営業利益が赤字の場合は、黒字化に向けた具体的な取組をご記入下さい。

| 将来目標 | | | | | |
|---|---|---|---|---|---|
| 営業強化等により売上回復を図り、仕入れ先との価格交渉や経費削減を積極的に進め、計画２年目での営業黒字化を目指す。強みである付帯サービスに注力し、顧客の定着化を図ることで地域内シェアー番になることが将来的な目標。 | | | | | |
| EBITDA有利子負債倍率 | 計画１年目 | 計画２年目 | 計画３年目 | 計画４年目 | 計画５年目 |
| | 20 倍 | 17 倍 | 14 倍 | 12 倍 | 10 倍 |

＊個人事業主の方はEBITDA有利子負債倍率の記載は不要です。

## ５．具体的なアクションプラン

＊「２．現状認識」の課題（②③のいずれか１つでも可）について取組計画等を記載してください。計画１年目は、計画策定日の属する事業年度となります。
改善目標指標には、「３．財務分析」の①～⑥（④を除く）のいずれかの指標を記載し、目標値には同指標の計画年度毎の目標値を記載してください。
「本資金の活用方法」は取組計画との関連性を中心に記載してください（課題が複数の場合は、いずれか１つの取組計画に係る記載でも可）。

| 課題 | 取組計画等 | 主な取組<br>計画１年目（計画策定年度）（令和６年12月期） | 計画２年目（令和７年12月期） | 計画３年目（令和８年12月期） | 計画４年目（令和９年12月期） | 計画５年目（令和10年12月期） |
|---|---|---|---|---|---|---|
| 売上高の確保 | 取組計画 | 新規顧客への営業強化、修理時に各種パーツの提案販売の強化 | | | | |
| | 改善目標指標 | 売上増加率 | | | | |
| | 目標値 | 2.9% | 2.9% | 2.8% | 2.7% | 2.6% |
| 利益率の改善 | 取組計画 | 経費削減による増益 | | | | |
| | 改善目標指標 | 営業利益率 | | | | |
| | 目標値 | −0.6% | 0.6% | 1.6% | 2.6% | 3.6% |
| 本資金の活用方法（資金使途、資金効果等） | ・業務効率化の為のDX投資（販売取引管理、在庫・仕入管理、従業員管理ソフト導入）<br>→売れ筋の把握、欠品発生の排除等、営業力強化に資するもので、売上増加につなげる。 | | | | | |

## ６．収支計画及び返済計画

（単位：千円）

| | 直近決算の状況（計画策定前）（令和５年12月期） | 計画１年目（令和６年12月期） | 計画２年目（令和７年12月期） | 計画３年目（令和８年12月期） | 計画４年目（令和９年12月期） | 計画５年目（令和10年12月期） |
|---|---|---|---|---|---|---|
| 売上高 | 170,000 | 175,000 | 180,000 | 185,000 | 190,000 | 195,000 |
| 営業利益 | −3,000 | −1,000 | 1,000 | 3,000 | 5,000 | 7,000 |
| 税引き後当期純利益 | −3,500 | −1,500 | 500 | 2,500 | 3,500 | 5,500 |
| 減価償却費 | 4,500 | 4,000 | 3,500 | 3,000 | 2,500 | 2,000 |
| 借入金返済額 | 3,500 | 3,500 | 3,500 | 3,500 | 3,000 | 3,000 |

（本計画書中、別に添付する計画書で代える項目がある場合には項目名をチェックして下さい。）
□ ２．現状認識　□ ３．財務分析　□ ４．計画終了時点における将来目標　□ ５．具体的なアクションプラン　□ ６．収支計画及び返済計画

以　上

※１　「２．現状認識」について、「ローカルベンチマーク」における非財務ヒアリングシートを作成している場合には、同シートの提出でも差し支えありません。
ローカルベンチマークの概要については以下URLまたはQRコードをご参照ください。
https://www.meti.go.jp/policy/economy/keiei_innovation/sangyokinyu/locaben/
※２　ローカルベンチマークの算出方法及び各指標の意義は以下『６つの財務指標』の通りです。

（参考）財務分析の視点　～６つの財務指標～

①売上増加率
【計算式】＝(売上高/前年度売上高)－１
【意　義】キャッシュフローの源泉である売上高の増減率を確認することが可能であるとともに、事業者の成長ステージを判断するのに有用な指標です。

②営業利益率
【計算式】＝営業利益/売上高
【意　義】本業の収益性を図る重要な指標であり、事業性を評価するための、収益性分析の最も基本的な指標です。

③労働生産性
【計算式】＝営業利益/従業員数
【意　義】従業員１人当たりが稼得する営業利益を示すものであり、成長力、競争力等を評価する指標です。

④EBITDA有利子負債倍率
【計算式】＝(借入金－現預金)/(営業利益＋減価償却費)
【意　義】（営業利益＋減価償却費）の部分は営業キャッシュフローを簡易的に示すもので、有利子負債と当該営業キャッシュフローを比較しているため、倍率が低いほど返済能力があることを示す指標です。

⑤営業運転資本回転期間　【計算式】＝(売上債権＋棚卸資産－買入債務)/月商
【意　義】営業運転資金とは、販売・提供した商品・サービスの売上債権を回収するまでに必要となる資金を示すものです。過去の値と比較することで、売上増減と比べた営業運転資金の増減を計測することができます。回収や支払等の取引条件の変化による必要運転資金の増減を把握するための指標です。

⑥自己資本比率
【計算式】＝純資産/総資産
【意　義】総資産のうち、返済義務のない自己資本が占める比率を示し、安全性分析の最も基本的な指標です。

**将来目標**
現状認識を踏まえた事業の具体的な将来目標を記載。直近が赤字の場合は、黒字化に向けた具体的な取組を記入

**EBITDA有利子負債倍率**
個人事業主は、記載不要

**課題**
「2.現状認識」に記載した課題を記載し（2つの課題のうち1つでも可）、課題に対する取組計画等を記載

**策定済計画書の代用**
策定済の計画を代用する場合、経営行動計画書に記載すべき項目を含んでいる項目をチェック

# 14 決算書2枚目の仕組み

## 決算書２枚目

決算書２枚目は、決算書１枚目の内訳という位置づけです。

主には、人件費の内容や売上と仕入の月別推移が記載されます。個人事業主や法人において、最も大きな固定費は人件費となります。

粗利益に占める人件費の割合を労働分配率といいますが、この経営指標は50%以下であることが望ましいとされています。個人事業主本人の人件費が含まれていませんので、確保したい取り分を人件費に加算しましょう。労働分配率が60%を超えてくると、利益確保が難しくなります。決算書２枚目の給料賃金や専従者給与の支給額の内訳を見ながら、従業員の給与水準や人数が適正であるかどうかの確認をしましょう。適正であれば、粗利益を増加させる戦略が必要となってきます。

１人あたりの付加価値を労働生産性といいます。日本は欧米諸国より低く、製造業以外の中小法人や個人事業主はさらに低いとされています。労働生産性が低いと、１人あたりの賃金が低い傾向にあります。少子化による労働人口の減少に直面している我が国においては、労働生産性の向上は必須といえます。

決算書２枚目の左半分には月別の売上金額および仕入金額を帳簿から転記します。法人の事業概況書に相当するものです。右半分には給与賃金と専従者給与の内訳を記載します。法人の人件費の勘定科目内訳書に相当します。

●図表１－30　決算書２枚目の仕組み

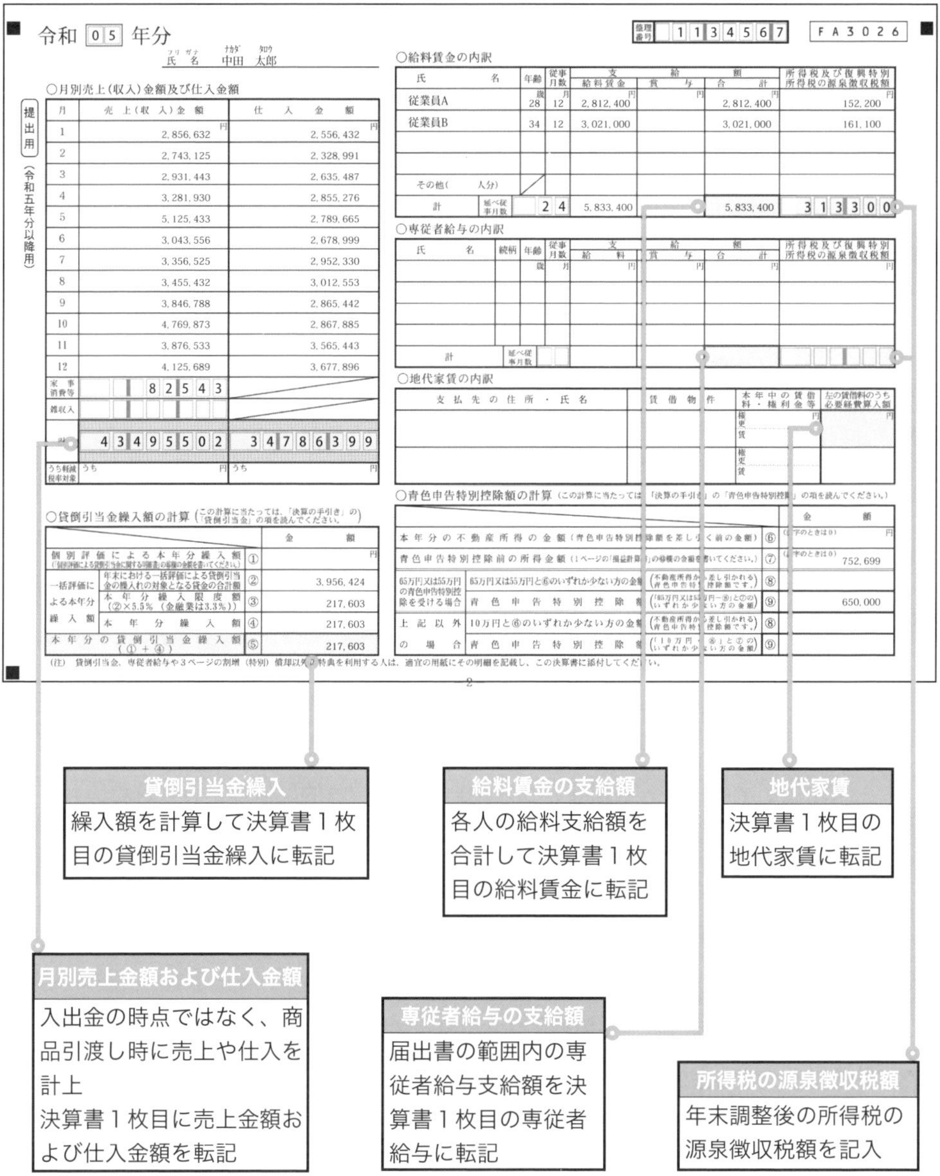

令和 05 年分　　整理番号 1134567　　FA3026

氏名（フリガナ ﾅｶﾀﾞ ﾀﾛｳ）　中田　太郎

提出用（令和五年分以降用）

○月別売上（収入）金額及び仕入金額

| 月 | 売上（収入）金額 | 仕入金額 |
|---|---|---|
| 1 | 2,856,632 円 | 2,556,432 円 |
| 2 | 2,743,125 | 2,328,991 |
| 3 | 2,931,443 | 2,635,487 |
| 4 | 3,281,930 | 2,855,276 |
| 5 | 5,125,433 | 2,789,665 |
| 6 | 3,043,556 | 2,678,999 |
| 7 | 3,356,525 | 2,952,330 |
| 8 | 3,455,432 | 3,012,553 |
| 9 | 3,846,788 | 2,865,442 |
| 10 | 4,769,873 | 2,867,885 |
| 11 | 3,876,533 | 3,565,443 |
| 12 | 4,125,689 | 3,677,896 |
| 家事消費等 | 82543 | |
| 雑収入 | | |
| 計 | 43495502 | 34786399 |
| うち軽減税率対象 | うち　円 | うち　円 |

○貸倒引当金繰入額の計算（この計算に当たっては、「決算の手引き」の「貸倒引当金」の項を読んでください。）

| | | | 金額 |
|---|---|---|---|
| 個別評価による本年分繰入額（「個別評価による貸倒引当金に関する明細書」の繰入額の金額を書いてください。） | | ① | 円 |
| 一括評価による本年分繰入額 | 年末における一括評価による貸倒引当金の繰入れの対象となる貸金の合計額 | ② | 3,956,424 |
| | 本年分繰入限度額（②×5.5%（金融業は3.3%）） | ③ | 217,603 |
| | 本年分繰入額 | ④ | 217,603 |
| 本年分の貸倒引当金繰入額（①＋④） | | ⑤ | 217,603 |

○給料賃金の内訳

| 氏名 | 年齢 | 従事月数 | 給料賃金 | 賞与 | 合計 | 所得税及び復興特別所得税の源泉徴収税額 |
|---|---|---|---|---|---|---|
| 従業員A | 28 歳 | 12 月 | 2,812,400 円 | 円 | 2,812,400 円 | 152,200 円 |
| 従業員B | 34 | 12 | 3,021,000 | | 3,021,000 | 161,100 |
| | | | | | | |
| その他（　人分） | | | | | | |
| 計 | 延べ従事月数 | 24 | 5,833,400 | | 5,833,400 | 313300 |

○専従者給与の内訳

| 氏名 | 続柄 | 年齢 | 従事月数 | 給料 | 賞与 | 合計 | 所得税及び復興特別所得税の源泉徴収税額 |
|---|---|---|---|---|---|---|---|
| | | 歳 | 月 | 円 | 円 | 円 | 円 |
| | | | | | | | |
| | | | | | | | |
| 計 | | 延べ従事月数 | | | | | |

○地代家賃の内訳

| 支払先の住所・氏名 | 賃借物件 | 本年中の賃借料・権利金等 | 左の賃借料のうち必要経費算入額 |
|---|---|---|---|
| | | 権 更 賃　円 | 円 |
| | | 権 更 賃 | |

○青色申告特別控除額の計算（この計算に当たっては、「決算の手引き」の「青色申告特別控除」の項を読んでください。）

| | | | 金額 |
|---|---|---|---|
| 本年分の不動産所得の金額（青色申告特別控除額を差し引く前の金額） | | ⑥ | （赤字のときは0）円 |
| 青色申告特別控除前の所得金額（1ページの「損益計算書」の⑩欄の金額を書いてください。） | | ⑦ | （赤字のときは0）752,699 |
| 65万円又は55万円の青色申告特別控除を受ける場合 | 65万円又は55万円と⑥のいずれか少ない方の金額（不動産所得から差し引かれる青色申告特別控除額です。） | ⑧ | |
| | 青色申告特別控除額（「65万円又は55万円－⑧」と⑦のいずれか少ない方の金額） | ⑨ | 650,000 |
| 上記以外の場合 | 10万円と⑥のいずれか少ない方の金額（不動産所得から差し引かれる青色申告特別控除額です。） | ⑧ | |
| | 青色申告特別控除額（「10万円－⑧」と⑦のいずれか少ない方の金額） | ⑨ | |

（注）貸倒引当金、専従者給与や3ページの割増（特別）償却以外の特典を利用する人は、適宜の用紙にその明細を記載し、この決算書に添付してください。

－2－

# 15 決算書2枚目から粉飾を見破る

## 月別の推移

決算書の２枚目には、売上金額と仕入金額の月別推移が記載されています。ここからは、通常は、年間の商売の流れから繁忙期や閑散期がわかるので、季節資金などの資金需要を推測することができます。

また、月別推移の異常値から、売上の過大計上、仕入の過小計上といった粉飾を推測することもできます。

各月の売上と仕入の対応を見てみましょう。各月の割合を計算して異常値がないかを確認します。また、前年との各月比較も行ってみましょう。

## 貸倒引当金の設定対象

貸倒引当金は、売掛金や貸付金などの期末残高を対象に設定しますが、同一人に対して売掛金と買掛金がある場合には、「実質的に債権とみられないもの」として売掛金から控除して計算します。「実質的に債権とみられないもの」がないにもかかわらず、決算書４枚目の貸借対照表の売掛金に比べ、決算書２枚目の貸倒引当金の設定対象となる売掛金が少ない場合は、粉飾が疑われます。

架空の売掛金に対して貸倒引当金を設定するのは気がひける… 仕方なく粉飾はしたが脱税はしたくないといった個人事業主のジレンマが決算書２枚目には隠れているかもしれません。

## ●図表１－31　決算書２枚目の月別の推移

令和 05 年分

氏名（フリガナ ﾅｶﾀﾞ ﾀﾛｳ）　中田　太郎

整理番号 1134567　　FA3025

提出用（令和五年分以降用）

○月別売上（収入）金額及び仕入金額

| 月 | 売上（収入）金額 | 仕入金額 |
|---|---|---|
| 1 | 2,856,632円 | 2,556,432円 |
| 2 | 2,743,125 | 2,328,991 |
| 3 | 2,931,443 | 2,635,487 |
| 4 | 3,281,930 | 2,855,276 |
| 5 | 5,125,433 | 2,789,665 |
| 6 | 3,043,556 | 2,678,999 |
| 7 | 3,356,525 | 2,952,330 |
| 8 | 3,455,432 | 3,012,553 |
| 9 | 3,846,788 | 2,865,442 |
| 10 | 4,769,873 | 2,867,885 |
| 11 | 3,876,533 | 3,565,443 |
| 12 | 4,125,689 | 3,677,896 |
| 家事消費等 | 82543 | |
| 雑収入 | | |
| 計 | 43495502 | 34786399 |
| うち軽減税率対象 | うち　円 | うち　円 |

○給料賃金の内訳

| 氏名 | 年齢 | 従事月数 | 支給額 給料賃金 | 支給額 賞与 | 支給額 合計 | 所得税及び復興特別所得税の源泉徴収税額 |
|---|---|---|---|---|---|---|
| 従業員A | 28歳 | 12月 | 2,812,400円 | 円 | 2,812,400円 | 152,200円 |
| 従業員B | 34 | 12 | 3,021,000 | | 3,021,000 | 161,100 |
| | | | | | | |
| | | | | | | |
| その他（　人分） | | | | | | |
| 計 | 延べ従事月数 | 24 | 5,833,400 | | 5,833,400 | 313300 |

○専従者給与の内訳

| 氏名 | 続柄 | 年齢 | 従事月数 | 支給額 給料 | 支給額 賞与 | 支給額 合計 | 所得税及び復興特別所得税の源泉徴収税額 |
|---|---|---|---|---|---|---|---|
| | | 歳 | 月 | 円 | 円 | 円 | 円 |
| | | | | | | | |
| | | | | | | | |
| | | | | | | | |
| 計 | | 延べ従事月数 | | | | | |

○地代家賃の内訳

| 支払先の住所・氏名 | 賃借物件 | 本年中の賃借料・権利金等 | 左の賃借料のうち必要経費算入額 |
|---|---|---|---|
| | | 権 更 賃　円 | 円 |
| | | 権 更 賃 | |

○貸倒引当金繰入額の計算（この計算に当たっては、「決算の手引き」の「貸倒引当金」の項を読んでください。）

| | | | 金額 |
|---|---|---|---|
| 個別評価による本年分繰入額（「個別評価による貸倒引当金に関する明細書」の◎欄の金額を書いてください。） | | ① | 円 |
| 一括評価による本年分繰入額 | 年末における一括評価による貸倒引当金の繰入れの対象となる貸金の合計額 | ② | 3,956,424 |
| | 本年分繰入限度額（②×5.5%（金融業は3.3%）） | ③ | 217,603 |
| | 本年分繰入額 | ④ | 217,603 |
| 本年分の貸倒引当金繰入額（①＋④） | | ⑤ | 217,603 |

○青色申告特別控除額の計算（この計算に当たっては、「決算の手引き」の「青色申告特別控除」の項を読んでください。）

| | | | 金額 |
|---|---|---|---|
| 本年分の不動産所得の金額（青色申告特別控除額を差し引く前の金額） | | ⑥ | （赤字のときは0）円 |
| 青色申告特別控除前の所得金額（1ページの「損益計算書」の⑬欄の金額を書いてください。） | | ⑦ | （赤字のときは0）752,699 |
| 65万円又は55万円の青色申告特別控除を受ける場合 | 65万円又は55万円と⑥のいずれか少ない方の金額（不動産所得から差し引かれる青色申告特別控除額です。） | ⑧ | |
| | 青色申告特別控除額（「65万円又は55万円－⑧」と⑦のいずれか少ない方の金額） | ⑨ | 650,000 |
| 上記以外の場合 | 10万円と⑥のいずれか少ない方の金額（不動産所得から差し引かれる青色申告特別控除額です。） | ⑧ | |
| | 青色申告特別控除額（「10万円－⑧」と⑦のいずれか少ない方の金額） | ⑨ | |

（注）貸倒引当金、専従者給与や３ページの割増（特別）償却以外の特典を利用する人は、適宜の用紙にその明細を記載し、この決算書に添付してください。

－2－

| 月 | 仕入/売上×100 | 月 | 仕入/売上×100 | 月 | 仕入/売上×100 | 月 | 仕入/売上×100 |
|---|---|---|---|---|---|---|---|
| 1 | 89% | 4 | 87% | 7 | 88% | 10 | **60%** |
| 2 | 85% | 5 | **54%** | 8 | 87% | 11 | 92% |
| 3 | 90% | 6 | 88% | 9 | 74% | 12 | 89% |

**異常値**

## ●図表1－32　貸倒引当金の設定対象

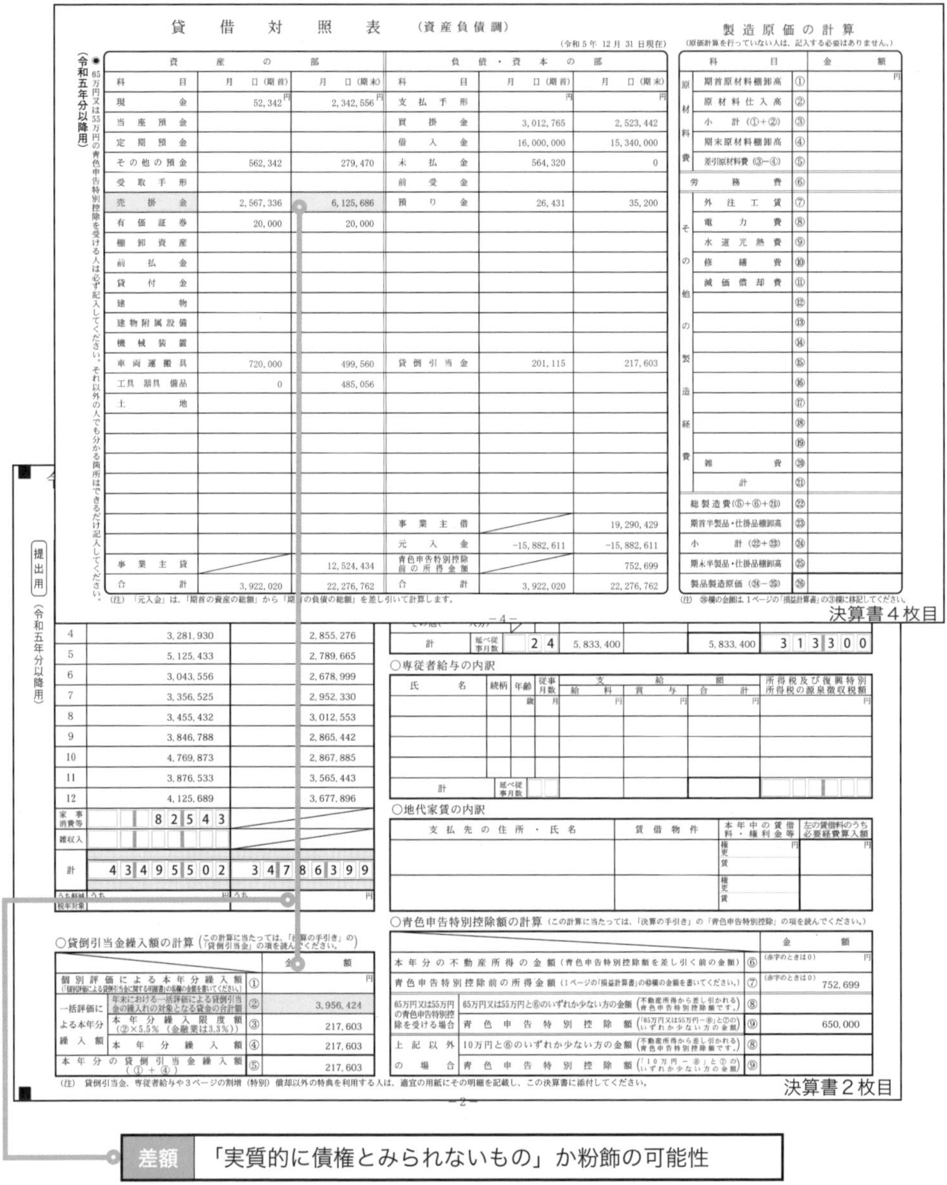

決算書２枚目で人がわかる

16

# 個人事業独特の計算

## 家事消費

家事消費は所得税独特の考え方です。例えば、飲食業のまかないでしたら、個人事業主と家族従業員が食べるまかないについては、家事消費として売上を計上する必要があります。正規の売上ではないのですが、まかない分の仕入が計上されているので、それに対応させて売上とします。

通常販売する金額の70%か、仕入金額のいずれか高いほうを家事消費の売上高として計上します。まかないでしたら、販売価額の算定は難しいでしょうから、実務上は、１食あたりの原価を決めておいて人数と日数を掛けて家事消費の売上高を計上することが多いでしょう。家事消費売上の計上もれは、税務調査で必ず指摘される事項ですので注意しましょう。

例えば、床屋で個人事業主が自分の子供の散髪をしたなどの役務の提供は、棚卸資産の消費ではないので家事消費の対象外となります。

また、従業員が食べるまかないは従業員の給与となる可能性はありますが、他人ですので家事消費の対象外となります。

●図表１－33　棚卸資産の家事消費売上

棚卸資産の家事消費売上 ➡ 販売価額の70%／仕入価額 ＞ 高いほうの金額

## 貸倒引当金

売掛金が回収不能となった場合には、貸倒損失として必要経費に計上します。貸倒引当金は実際に貸倒れが発生しているわけではありませんが、将来の貸倒リスクに備えて事前に費用を計上するものです。収益はできるだけ確実なものを慎重に計上し、費用は細大漏らさず精緻に計上しようという、会計の保守主義の原則から導かれています。

貸倒引当金繰入には、個別評価の繰入額と一括評価の繰入額があります。

**貸倒引当金繰入 ＝ 個別評価の繰入額 ＋ 一括評価の繰入額**

例えば、得意先が破産したとしましょう。破産による最終配当の金額が決定するまでは貸倒損失として必要経費にすることができませんので、破産の申立て時点においては、貸倒引当金の個別評価による繰入をすることになります。個別評価の繰入額として回収不能債権の50%を必要経費にすることができます。

●図表１－34　個別評価

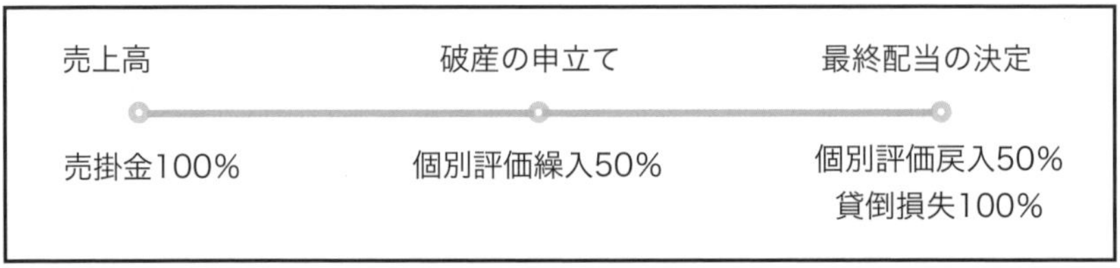


個別評価する債権以外は正常債権ですが、売掛金や貸付金に対して、一括して貸倒引当金を設定し、一括評価による繰入をします。ここまでは法人と同じですが、正常債権に乗じる割合が法人税と所得税では異なっています。法人税では、中小法人の法定繰入率は、卸売業および小売業１%、割賦小売業1.3%、製造業0.8%、金融・保険業0.3%、その他0.6%と定められています。それに対して所得税では、大まかな区分で金融業以外が5.5%、金融業

●図表１－35　一括評価

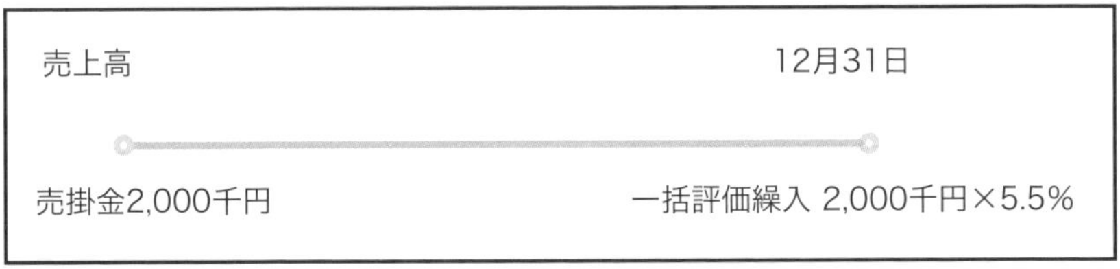


が3.3%と法人より高率になっています。

貸倒引当金は青色申告のメリットの１つとなっています。

貸倒引当金の繰入をしていない決算書がよく見受けられますが、節税になるため、少額でも利用しましょう。

## 青色申告特別控除

青色申告特別控除も、所得税独特の計算です。複式簿記で帳簿をつけて最大65万円の青色申告特別控除を受けましょう。

## ●図表1－36　青色申告特別控除（決算書2枚目）

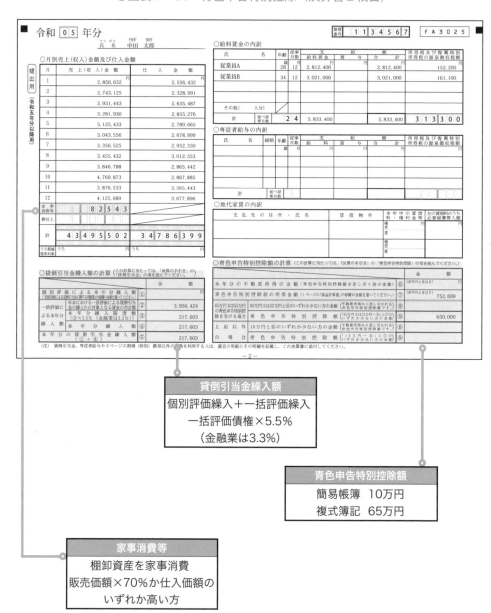

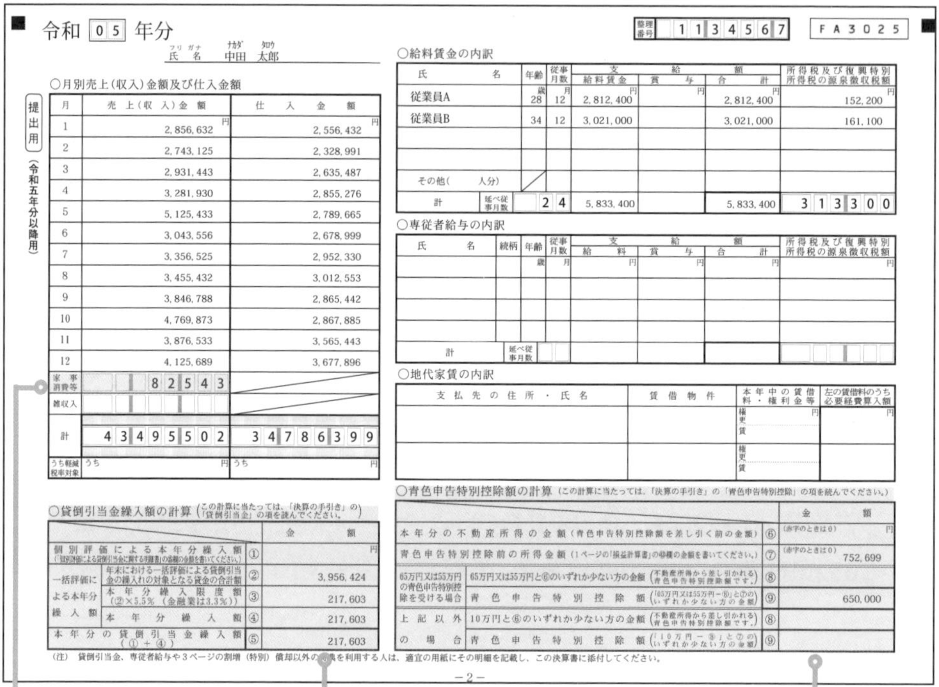

令和 05 年分　　整理番号 1134567　　FA3025

氏名（フリガナ ﾅｶﾀﾞ ﾀﾛｳ）中田 太郎

提出用（令和五年分以降用）

○月別売上（収入）金額及び仕入金額

| 月 | 売上（収入）金額 | 仕入金額 |
|---|---|---|
| 1 | 2,856,632 円 | 2,556,432 円 |
| 2 | 2,743,125 | 2,328,991 |
| 3 | 2,931,443 | 2,635,487 |
| 4 | 3,281,930 | 2,855,276 |
| 5 | 5,125,433 | 2,789,665 |
| 6 | 3,043,556 | 2,678,999 |
| 7 | 3,356,525 | 2,952,330 |
| 8 | 3,455,432 | 3,012,553 |
| 9 | 3,846,788 | 2,865,442 |
| 10 | 4,769,873 | 2,867,885 |
| 11 | 3,876,533 | 3,565,443 |
| 12 | 4,125,689 | 3,677,896 |
| 家事消費等 | 82543 | |
| 雑収入 | | |
| 計 | 43495502 | 34786399 |
| うち軽減税率対象 | うち　円 | うち　円 |

○給料賃金の内訳

| 氏名 | 年齢 | 従事月数 | 給料賃金 | 賞与 | 合計 | 所得税及び復興特別所得税の源泉徴収税額 |
|---|---|---|---|---|---|---|
| 従業員A | 28歳 | 12月 | 2,812,400円 | 円 | 2,812,400円 | 152,200円 |
| 従業員B | 34 | 12 | 3,021,000 | | 3,021,000 | 161,100 |
| | | | | | | |
| | | | | | | |
| その他（　人分） | | | | | | |
| 計 | 延べ従事月数 | 24 | 5,833,400 | | 5,833,400 | 313300 |

○専従者給与の内訳

| 氏名 | 続柄 | 年齢 | 従事月数 | 給料 | 賞与 | 合計 | 所得税及び復興特別所得税の源泉徴収税額 |
|---|---|---|---|---|---|---|---|
| | | 歳 | 月 | 円 | 円 | 円 | 円 |
| | | | | | | | |
| | | | | | | | |
| | | | | | | | |
| 計 | | 延べ従事月数 | | | | | |

○地代家賃の内訳

| 支払先の住所・氏名 | 賃借物件 | 本年中の賃借料・権利金等 | 左の賃借料のうち必要経費算入額 |
|---|---|---|---|
| | | 権 更 円 賃 | 円 |
| | | 権 更 賃 | |

○貸倒引当金繰入額の計算（この計算に当たっては、「決算の手引き」の「貸倒引当金」の項を読んでください。）

| | | | 金額 |
|---|---|---|---|
| 個別評価による本年分繰入額（「個別評価による貸倒引当金に関する明細書」の⑧欄の金額を書いてください。） | | ① | 円 |
| 一括評価による本年分繰入額 | 年末における一括評価による貸倒引当金の繰入れの対象となる貸金の合計額 | ② | 3,956,424 |
| | 本年分繰入限度額（②×5.5%（金融業は3.3%）） | ③ | 217,603 |
| | 本年分繰入額 | ④ | 217,603 |
| 本年分の貸倒引当金繰入額（①＋④） | | ⑤ | 217,603 |

○青色申告特別控除額の計算（この計算に当たっては、「決算の手引き」の「青色申告特別控除」の項を読んでください。）

| | | | 金額 |
|---|---|---|---|
| 本年分の不動産所得の金額（青色申告特別控除額を差し引く前の金額） | | ⑥ | （赤字のときは0）円 |
| 青色申告特別控除前の所得金額（1ページの「損益計算書」の㊸欄の金額を書いてください。） | | ⑦ | （赤字のときは0）752,699 |
| 65万円又は55万円の青色申告特別控除を受ける場合 | 65万円又は55万円と⑥のいずれか少ない方の金額（不動産所得から差し引かれる青色申告特別控除額です。） | ⑧ | |
| | 青色申告特別控除額（「65万円又は55万円－⑧」と⑦のいずれか少ない方の金額） | ⑨ | 650,000 |
| 上記以外の場合 | 10万円と⑥のいずれか少ない方の金額（不動産所得から差し引かれる青色申告特別控除額です。） | ⑧ | |
| | 青色申告特別控除額（「10万円－⑧」と⑦のいずれか少ない方の金額） | ⑨ | |

（注）貸倒引当金、専従者給与や3ページの割増（特別）償却以外の特典を利用する人は、適宜の用紙にその明細を記載し、この決算書に添付してください。

－2－

**貸倒引当金繰入額**

個別評価繰入＋一括評価繰入
一括評価債権×5.5%
（金融業は3.3%）

**青色申告特別控除額**

簡易帳簿　10万円
複式簿記　65万円

**家事消費等**

棚卸資産を家事消費
販売価額×70%か仕入価額の
いずれか高い方

決算書２枚目で人がわかる

# 17 絶対オススメ！青色申告



## 青色申告の選択

事業所得、不動産所得、山林所得のある個人は、届出によって青色申告を選択することができます。青色申告を選択されない個人を白色申告者といいますが、白色申告の最大のメリットは基本的に記帳義務がないことでした。2014年から白色申告も簡易な記帳と帳簿書類の保存が必要になりましたので、白色申告のメリットはなくなったといってもよいでしょう。設備投資や人材投資による税金の優遇制度も青色申告を要件としていますので、必ず青色申告を選択するようにしましょう。ちなみに、昔は青色申告の申告用紙も青色でしたが、2001年以降は青色ではなくなっています。

開業した年は開業から２ヵ月以内、通常はその年の３月15日までに青色

●図表１－37　青色申告承認申請書の提出時期

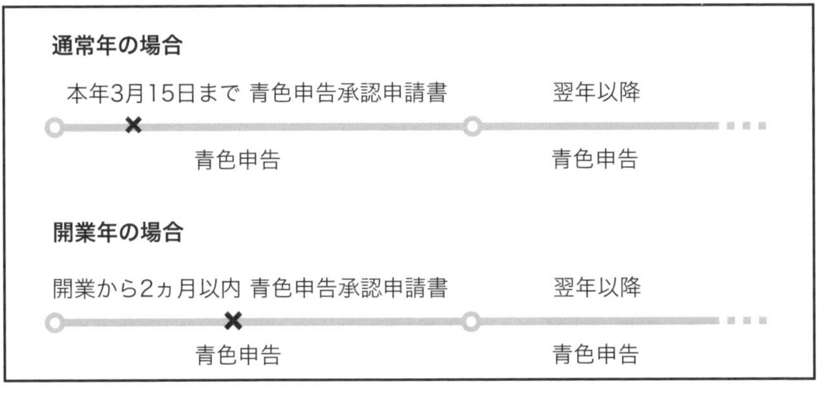

申告承認申請書を税務署に提出する必要があります。本年分の申告を青色申告で行おうと考えたら、開業年以外はその年の３月15日までに青色申告承認申請書を提出しなければなりません。

## ▶▶ 青色申告のメリット❶　青色申告特別控除

青色申告を選択するだけで、簡易な帳簿で青色申告特別控除10万円が所得金額から控除されます。さらに、複式簿記で帳簿をつけると青色申告特別控除55万円（一定の要件を満たす場合は65万円）が所得金額から控除されます。

簡易な帳簿とは、家計簿レベルで損益計算書を集計できる帳簿のことです。複式簿記の帳簿とは、複式簿記のルールに従って損益計算書に加えて貸借対照表を集計できる帳簿のことですが、「仕訳帳」と「総勘定元帳」の作成が必要です。複式簿記となると会計ソフトを利用するのが一般的です。

税務署で、無料の記帳指導を行っていますので、利用してみましょう。

## ▶▶ 青色申告特別控除額の改正

2020年分より青色申告特別控除が65万円から55万に減額されました。ただし、電子申告または税務上の書類を電子保存していれば、従来どおりの控除額となります。暫定的な対応ですが、マイナンバーカードおよびICカードリーダライタが不要な「ID・パスワード方式」で電子申告することが可能で

●図表１－38　青色申告のメリット（青色申告特別控除）

| | |
|---|---|
| 青色申告特別控除10万円 | ◉ 家計簿レベル<br>◉ 損益計算書 |
| 青色申告特別控除 55(65)万円 | ◉ 「仕訳帳」と「総勘定元帳」の作成<br>◉ 損益計算書と貸借対照表 |

す。税務署に行ってパスワードを発行してもらいましょう。

## 青色申告のメリット❷　損失の繰越

事業所得で赤字（損失）が出た場合、その赤字を翌年以後３年間繰り越すことができます。白色申告は赤字を繰り越すことができません。特に開業した年は赤字が出やすいので、青色申告の届出を忘れないようにしましょう。

●図表１－39　青色申告のメリット（損失の繰越）

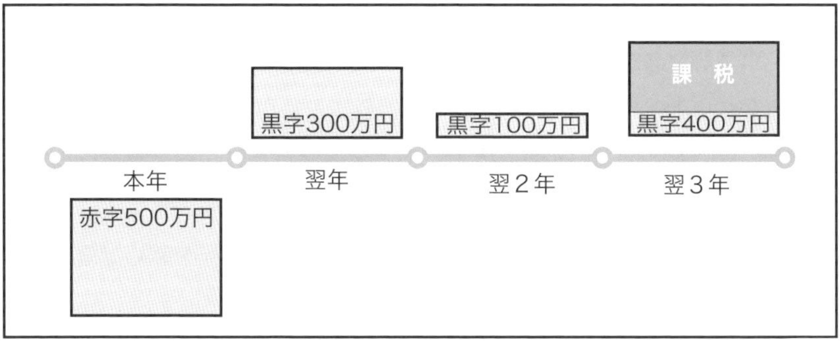


**本年**　例えば、開業年で事業が軌道にのらず500万円の赤字だったとします。

**翌年**　300万円の黒字に転換しましたが、開業年500万円の赤字と相殺できますので事業所得は０円です。相殺されなかった赤字200万円については、翌２年に繰り越します。

**翌２年**　100万円の黒字なので、繰り越された赤字200万円と相殺して事業所得は０円です。さらに翌３年に相殺されなかった赤字100万円を繰り越します。

**翌３年**　400万円の黒字です。繰り越された赤字100万円と相殺して300万円の事業所得が、ここでようやく発生することになります。

## 青色申告のメリット❸　青色事業専従者給与

個人事業主は本人に給与を出すことはできませんが、届出を出せば家族に給与を出すことができます。所得税の節税の大原則は所得分散です。所得税は所得が高くなればなるほど所得税率が高くなりますので、給与を出すことによって所得を家族に分散すれば、各個人の所得は低くなり所得税率も低く抑えることができます。

家族が事業を手伝っていれば、必ず青色事業専従者給与の届出を行いましょう。届出書に記載する給与の金額は、月額の上限ですので、届出書で家族給与の枠を確保するようなものです。業績が悪ければ支給しなくてもよいのです。

青色事業専従者給与の届出書の提出期限は、通常は青色事業専従者給与を支払う年の３月15日までですが、開業年や新たに専従者がいることとなった場合には、その開業日や専従者がいることとなった日から２ヵ月以内となります。専従者がいることとなった場合とは、例えば、個人事業主が結婚して配偶者が事業を手伝うことになった場合や、子供が会社を辞めて個人事業主の事業を手伝うことになった場合などです。

家族に給与を支払うと、その給与が年103万円以下であっても、個人事業主の配偶者控除や扶養控除との併用ができません。１円でも支給すると配偶者控除38万円や扶養控除38万円の適用は受けることができませんので、支

●図表１－40　青色申告のメリット（青色事業専従者給与）

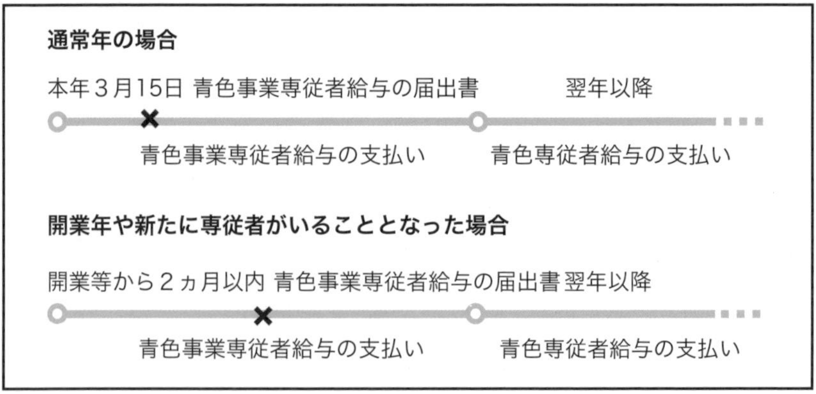

給するなら最低でも38万円は支給するようにしましょう。

一方、個人事業主本人の所得が一時的に赤字になった場合はどうでしょう？ この場合は、青色事業専従者の配偶者控除や扶養控除を適用することができます。給与を支払っている人が、給与の支払いを受けている人の扶養に入るという奇妙な関係ですが、税務上、問題はありません。

専従者給与の５つの要件を確認していきましょう。

**❶ 給与を実際に支払うこと**

支払いの事実を証拠として残すという意味では、家族名義の預金口座への毎月振込がベストです。また、未払いが長期化すると支払いの事実がないと認定され、必要経費に算入できなくなってしまいますので注意しましょう。

**❷ 本人と生計を一にする配偶者その他の親族であること**

生計が一とは、基本的には１つ屋根の下で暮らしていて、財布が１つということです。

**❸ その年12月31日で15歳以上であること**

**❹ 半年を超える期間、その事業に専ら従事していること**

専ら従事ということですので、基本的には他に職業がある方や学生は該当しませんが、他の職業が短時間であったり、夜間の授業を受けている学生であったら大丈夫でしょう。

半年を超える期間とありますが、開業や廃業等のため１年を通じて事業ができなかった場合や、専従者の病気や婚姻等で１年を通じて従事できなかった場合には、事業に従事することができる期間の半分超、事業に従事すればよいことになっています。

**❺ 給与の額が適正であること**

その仕事内容について他人に給与を支払うとしたら、高額ではないかどうかがポイントとなります。

# 18 人材投資で節税 賃上げをサポートする賃上げ促進税制

## 賃上げ促進税制の概要

賃上げ促進税制は、賃上げの後押しをするために、2013年に創設されました。

青色申告の届出をしている個人事業主が、前年度と比較して従業員の給与を1.5％以上増加させた場合などの一定の要件を満たした場合に、その増加額の15%を所得税から控除できます。

また、後述する上乗せ要件❶を満たした場合には、通常要件を満たした場合の控除率にさらに控除率15％加算して税額控除を受けることができます。さらに、上乗せ要件❷を満たした場合には、前年度からの増加額について税額控除が10％上乗せとなります。税額控除額はその年度の所得税額の20％が上限となります。ちなみに、設立事業年度は適用対象外です。

●図表１－41　所得拡大促進税制の仕組み

2024年まで

前年度からの雇用者給与等支給額の増加額 ×15%の税額控除

上乗せ要件❶で 前年度からの雇用者給与等支給額の増加額 ×15%の税額控除を上乗せ

上乗せ要件❷で 前年度からの雇用者給与等支給額の増加額 ×10%の税額控除を上乗せ

## ▶▶ 通常要件　雇用者給与の前年比較

要件は、適用したい年の雇用者給与等支給額が、前年の雇用者給与等支給額と比べて1.5％以上増加しているかを確認します。雇用者給与等支給額とは、従業員に対する給与等の総額（親族などの一定の者を除く）です。

## ▶▶ 上乗せ要件❶

上記要件の増加率が2.5%以上であることが必要となります。

## ▶▶ 上乗せ要件❷

教育訓練費が前年と比べて10%以上増加していることが必要となります。教育訓練費とは、従業員のセミナー等の費用で、外部研修参加費や外部講師謝金など外部に対する費用に限られます。

## ▶▶ 2024年度税制改正

子育て支援（プラチナくるみん認定）や女性の活躍促進（プラチナえるぼし認定）を行っている事業主は、加算率が５％上乗せされ、最大で45％の税額控除が可能となります。

また、赤字となって適用できなかった事業主については、税額控除を５年間繰り越すことができるようになります。2025年から適用されます。

# 19 減価償却とは

## 減価償却の概要

10万円以上の資産を購入した場合、その年度ですぐに必要経費にすることはできません。一度、資産として計上して、法定耐用年数に応じて必要経費にしていきます。法定耐用年数に応じて必要経費にすることを、「減価償却」といいます。

例えば、法定耐用年数８年の機械装置を800万円で購入した場合、１年に100万円の減価償却費を計上していくことになります。８年間使用して価値が減少しながら、各年度の売上に貢献していくわけですから、800万円の購入価額も８年に応じて、各年度の経費にしていきます。

●図表１－42　減価償却の概要

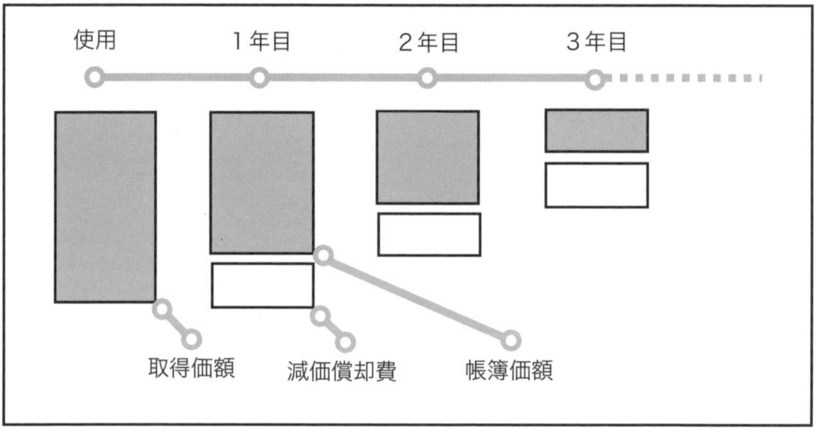

減価償却の対象となる資産は、機械装置や建物、車両などがあります。時の経過や使用により価値が減少しない土地などは、減価償却資産ではありません。

ちなみに、仕訳は借方に減価償却費という費用が計上され、貸方に機械装置という資産のうち価値減少分が計上されます。

| 借　方 | 貸　方 |
|---|---|
| 減価償却費100 | 機械装置100 |

## ▶▶ 法定耐用年数は使用可能年数

法定耐用年数とは、主な資産ごとに国が定めた使用可能年数のことをいいます。例えば、プラスチック製品の製造用設備であれば、耐用年数表より法定耐用年数は８年となります。

## ▶▶ 定額法

減価償却の方法としては、様々な方法が認められていますが、主な償却方法としては、定額法と定率法があります。

●図表１－43　定額法による減価償却費

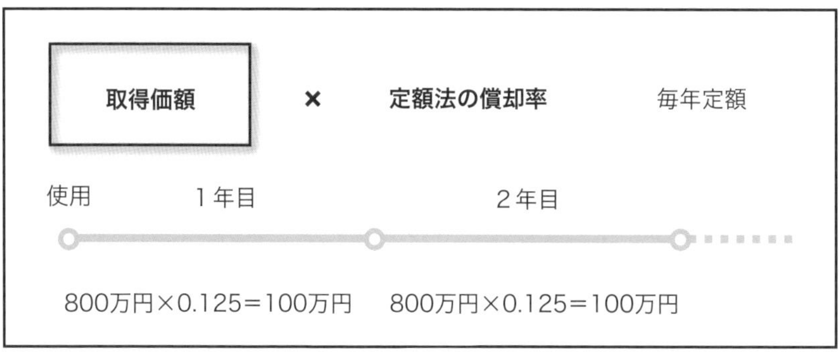

定額法とは、毎年の減価償却費が定額になる方法で、取得価額に定額法の償却率を乗じて計算します。

償却率は法定耐用年数によって異なり、もし法定耐用年数が８年であれば、償却率表から定額法の償却率は0.125となります。取得価額が800万円の例でみると、800万円×0.125＝100万円が毎年の減価償却費というわけです。

## 定率法

定率法とは、期首帳簿価額に定率法の償却率を乗じて計算する方法です。

定額法との最大の違いは、取得価額ではなく期首の帳簿価額を使う点にあります。取得価額とは購入金額ですので、当然、毎年同額となりますが、一方、帳簿価額は減価償却した分だけ、毎年減額となります。毎年、その小さくなった期首帳簿価額に定率法の償却率を乗じますので、減価償却費は、はじめは多く計上できますが、どんどん少なくなっていきます。

先ほどの例でみると、法定耐用年数８年の定率法の償却率は、償却率表から0.25で、定額法の償却率の２倍となります。減価償却費は、１年目は800万円×0.25＝200万円、２年目は（800万円－200万円）×0.25＝150万円と減少していきます。

●図表１－44　定率法による減価償却費

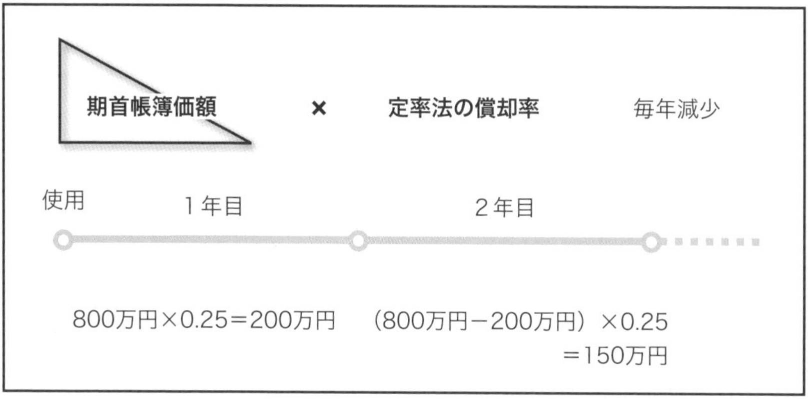


## 耐用年数表

| 資　産 | 細　目 | 耐用年数 |
|---|---|---|
| … | … | … |
| **印刷業用設備** | デジタル印刷システム設備 | ４年 |
| … | … | … |
| **プラスチック製品製造業用設備** | － | ８年 |
| … | … | … |

## 償却率表

| 耐用年数 | 定額法の償却率 | 定率法の償却率 |
|---|---|---|
| … | … | … |
| ７年 | 0.143 | 0.286 |
| ８年 | 0.125 | 0.250 |
| … | … | … |

# 20 決算書3枚目の仕組み

## 決算書３枚目

決算書３枚目の主な内容は、モノの代表格である減価償却資産です。減価償却費は当年の費用として決算書１枚目の損益計算書に記載されます。減価償却資産の期末残高は決算書４枚目の貸借対照表に記載されます。将来の費用ですので、翌年以降のタックスプランニングに使用できます。

決算書３枚目からは、過去の事業用資産の種類や購入年月、購入価額などの購入情報がわかりますので、そこから将来の資金ニーズを読み取りましょう。また、民間投資を喚起する成長戦略として、国は設備投資減税を拡充していますので、これらを上手に利用したいものです。

決算書３枚目の上半分は、インボイス制度に対応した様式へ変更となりました。

決算書３枚目の下半分は、減価償却資産の名称と減価償却費の計算が記載されています。また、地代家賃の内訳は、法人の地代家賃の勘定科目内訳書に相当します。

## ●図表１－45　決算書３枚目の仕組み

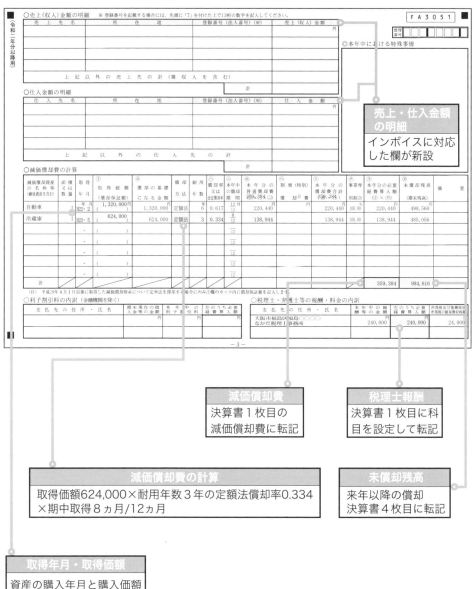

（令和二年分以降用）　FA3051　整理番号

○売上（収入）金額の明細　※ 登録番号を記載する場合には、先頭に「T」を付けた上で13桁の数字を記入してください。

| 売上先名 | 所在地 | 登録番号（法人番号）（※） | 売上（収入）金額 |
|---|---|---|---|
| | | | 円 |
| | | | |
| | | | |
| | | | |
| 上記以外の売上先の計（雑収入を含む） | | | |
| | | 計 | |

○仕入金額の明細

| 仕入先名 | 所在地 | 登録番号（法人番号）（※） | 仕入金額 |
|---|---|---|---|
| | | | 円 |
| | | | |
| | | | |
| | | | |
| 上記以外の仕入先の計 | | | |
| | | 計 | |

◎本年中における特殊事情

**売上・仕入金額の明細**
インボイスに対応した欄が新設

○減価償却費の計算

| 減価償却資産の名称等（繰延資産を含む） | 面積又は数量 | 取得年月 | ㋑取得価額（償却保証額） | ㋺償却の基礎になる金額 | 償却方法 | 耐用年数 | ㋩償却率又は改定償却率 | ㋥本年中の償却期間 | ㋭本年分の普通償却費（㋺×㋩×㋥） | ㋬割増（特別）償却費 | ㋣本年分の償却費合計（㋭＋㋬） | ㋠事業専用割合 | ㋷本年分の必要経費算入額（㋣×㋠） | ㋦未償却残高（期末残高） | 摘要 |
|---|---|---|---|---|---|---|---|---|---|---|---|---|---|---|---|
| 自動車 | 1 | H22・2 | 1,320,000円 （　） | 1,320,000円 | 定額法 | 6年 | 0.617 | 12/12月 | 220,440円 | 0円 | 220,440円 | 100.00% | 220,440円 | 499,560円 | |
| 冷蔵庫 | 1 | H25・5 | 624,000 （　） | 624,000 | 定額法 | 3 | 0.334 | 8/12 | 138,944 | | 138,944 | 100.00 | 138,944 | 485,056 | |
| | | ・ | （　） | | | | | /12 | | | | | | | |
| | | ・ | （　） | | | | | /12 | | | | | | | |
| | | ・ | （　） | | | | | /12 | | | | | | | |
| | | ・ | （　） | | | | | /12 | | | | | | | |
| | | ・ | （　） | | | | | /12 | | | | | | | |
| 計 | | | | | | | | | 359,384 | | 359,384 | | 359,384 | 984,616 | |

（注）平成19年４月１日以後に取得した減価償却資産について定率法を採用する場合にのみ㋑欄のカッコ内に償却保証額を記入します。

○利子割引料の内訳（金融機関を除く）

| 支払先の住所・氏名 | 期末現在の借入金等の金額 | 本年中の利子割引料 | 左のうち必要経費算入額 |
|---|---|---|---|
| | 円 | 円 | 円 |
| | | | |

○税理士・弁護士等の報酬・料金の内訳

| 支払先の住所・氏名 | 本年中の報酬等の金額 | 左のうち必要経費算入額 | 所得税及び復興特別所得税の源泉徴収税額 |
|---|---|---|---|
| 大阪市福島区福島○○○○ なかだ税理士事務所 | 240,000円 | 240,000円 | 24,000円 |
| | | | |

－3－

**減価償却費**
決算書１枚目の減価償却費に転記

**税理士報酬**
決算書１枚目に科目を設定して転記

**減価償却費の計算**
取得価額624,000×耐用年数３年の定額法償却率0.334×期中取得８ヵ月/12ヵ月

**未償却残高**
来年以降の償却
決算書４枚目に転記

**取得年月・取得価額**
資産の購入年月と購入価額

# 21 決算書3枚目から粉飾を見破る

## ▶▶ 減価償却資産の実在性

決算書３枚目には、減価償却資産の明細が記載されています。原則的には10万円以上の減価償却資産が計上されていますが、粉飾の手口としては、通常なら消耗品費として処理する10万円未満の資産を、複数まとめて資産計上していることや、機械装置や器具備品の修繕費を資産計上していることがあります。

他にも、除却しているにもかかわらず減価償却資産として計上していることや、悪質な粉飾では架空売掛金や架空在庫を減価償却資産に振り替えているケースもあります。不明瞭な資産については、内容を確認しましょう。

●図表１－46　減価償却資産の明細

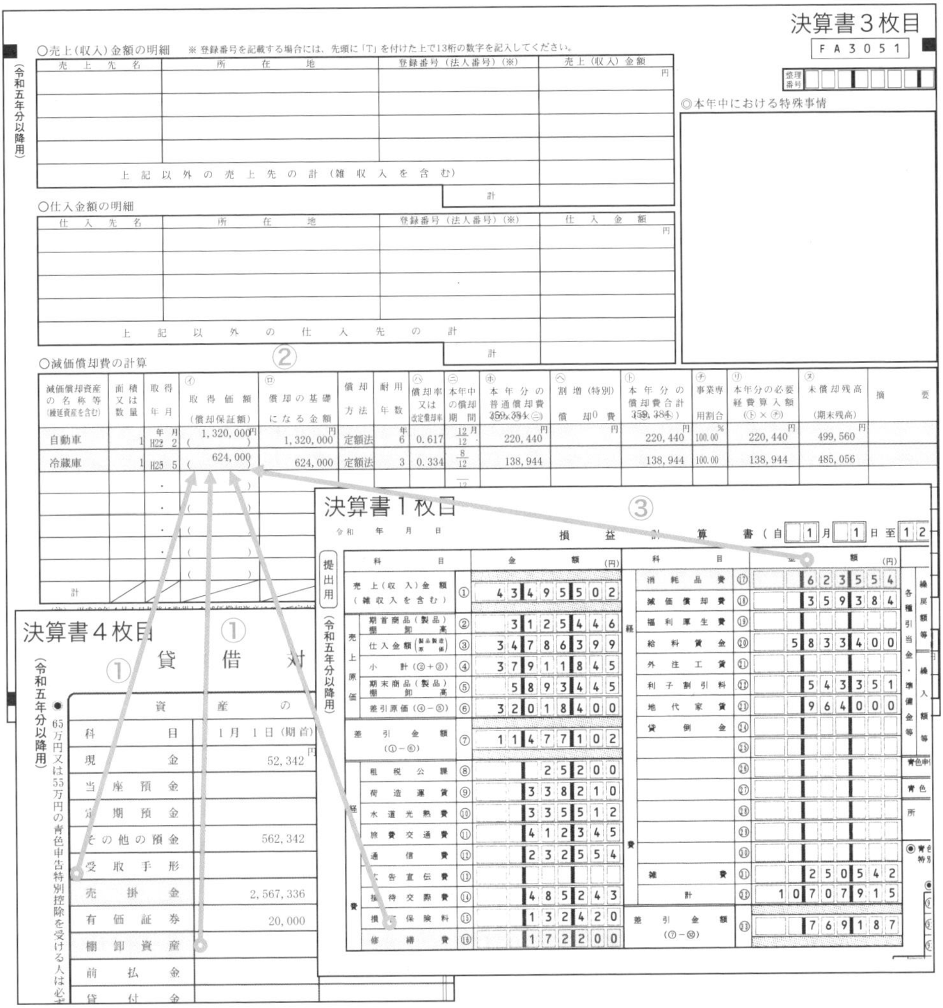


| | |
|---|---|
| 粉飾① | 売掛金や棚卸資産を減価償却資産に振替え |
| 粉飾② | 修繕費を減価償却資産に振替え |
| 粉飾③ | 消耗品費を減価償却資産に振替え |

# 22 個人事業独特の減価償却

## 法人の減価償却

会計上は毎期減価償却を行うことが原則ですが、法人税における減価償却の時期は法人の任意となっています。今年、減価償却を行っても、20年後から減価償却を行っても、年間の減価償却限度額の範囲内であれば法人の自由です。

減価償却を行わない会計上の理由としては、損益計算書の赤字回避です。粉飾といえば粉飾になります。

税務上の理由としては、欠損金の繰越控除制度との兼合いです。法人で赤字が出た場合、翌年以降10年間その欠損金を繰り越して、翌期以降の黒字と相殺することができます。10年間という期限があるわけです。10年間が過ぎてしまったらその欠損金は黒字と相殺することなく消滅してしまいます。期限のある繰越欠損金と期限のない減価償却があるとしたら、まずは期限のあるほうを先に使用するほうが税務上有利となるので、減価償却を行わないことがあります。

税務上不利なケースにもかかわらず赤字で減価償却を行っている中小法人は、会計をしっかり遵守している法人か、税務調査に備えている法人かのどちらかでしょう。

減価償却の方法は主に定額法と定率法になりますが、税務署への減価償却方法の届出がなければ、定率法を採用することになります。

●図表１－47　法人の減価償却

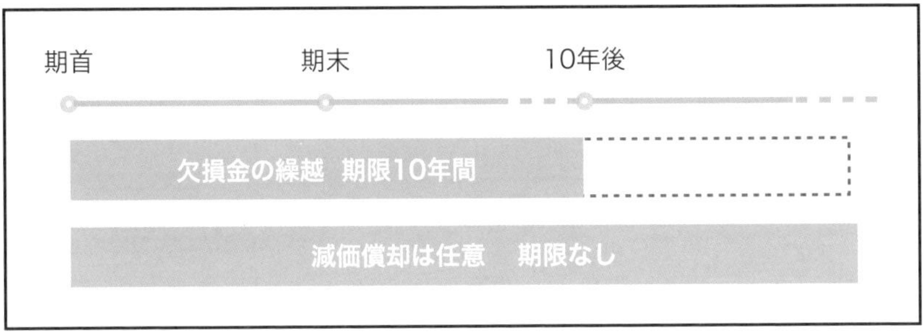


## 個人事業の減価償却

個人事業の減価償却は、毎期、強制償却となります。ここが法人との大きな違いとなります。法人のように任意に償却する金額や時期を変えることができません。

●図表１－48　個人事業の減価償却

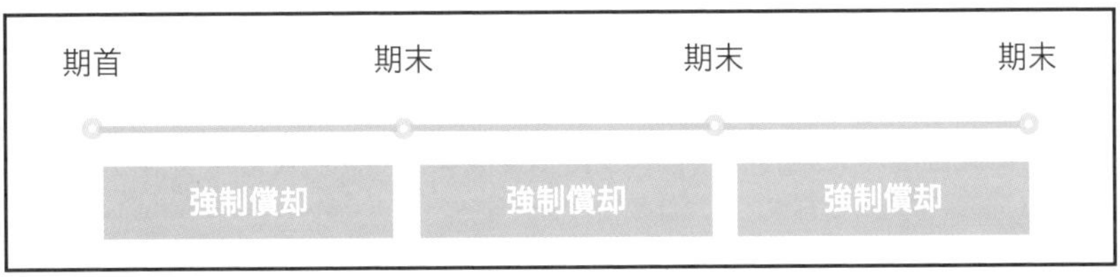


## 強制償却の例外

大原則は強制償却なのですが、個人事業でも法人のように任意に減価償却を選択できるケースがあります。それは事業用資産を売却したときです。売却した月まで減価償却するかどうかは個人事業主の任意となっています。事業用資産の売却損益は、事業所得ではなく譲渡所得となります。

●図表1－49　事業用資産の期中売却

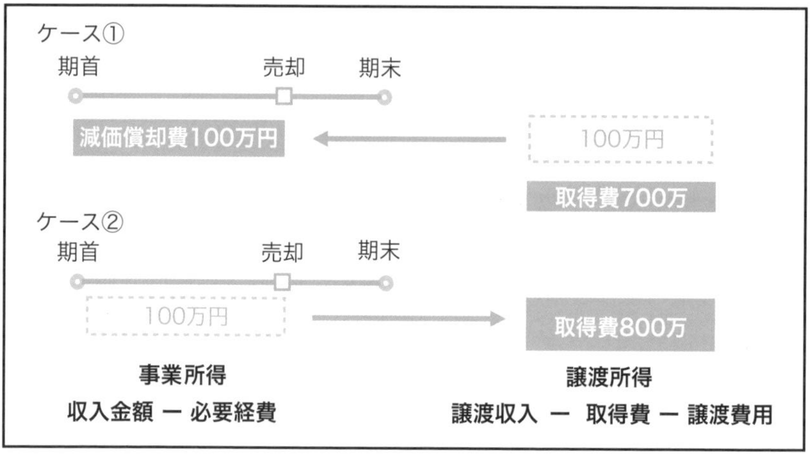


例えば、簿価800万円の事業用減価償却資産があって、期中に100万円の減価償却ができるとしましょう。事業所得で100万円の減価償却をすると、譲渡所得の取得費は800万円－100万円＝700万円となります（ケース①）。

事業所得で100万円の減価償却を実施しないケースでは、譲渡所得の取得費は800万円ということになります（ケース②）。100万円分は個人事業主の任意により事業所得か譲渡所得か好きなほうに計上することが可能です。会計上は減価償却を実施しないほうが損益計算書の見映えはよくなります。

## ▶▶ 税務上の有利な点

通常の譲渡所得は総合課税となりますので、事業所得と合算して超過累進税率を乗じて所得税を計算します。譲渡所得と事業所得を合算しますので、減価償却費を計上してもしなくても結果は一緒となりますが、減価償却資産が建物の場合には事情が変わってきます。建物の譲渡所得は、通常の譲渡所得と異なり分離課税となりますので、他の所得と合算せずに分離して一定の税率を乗じます。

分離課税の場合、所有期間が５年超であれば、所得税・住民税を合わせて

20%の税率となります。一方、総合課税の場合、課税所得が195万円を超えると所得税・住民税をあわせて20％の税率となりますので、総合課税の課税所得195万円が分岐点となります。総合課税所得の多い方なら、減価償却を行って総合課税の所得を低くすることが税務上有利です。総合課税所得が少ない場合は、減価償却を実施せずに分離課税の譲渡所得の取得費にするほうが税務上有利となります。

確定申告後に、更正の請求で減価償却費を変更することはできないため、当初の確定申告時に慎重に選択する必要があります。

●図表１－50　総合課税と分離課税

## 減価償却方法は選択できる

法人・個人に関係なく、減価償却方法は、定額法や定率法などを選択することができます。ただし、税務署への減価償却方法の届出がなければ、法人は定率法ですが、個人は定額法が法定の償却方法となっています。

なお、建物や2016年４月１日以降に取得する建物設備および構築物については、定額法のみの適用となります。

# 23 設備投資で節税 特別償却か税額控除

## 設備投資減税は、特別償却か税額控除の選択制

経済成長のエンジンとしての設備投資を促進させるために、国は様々な優遇税制や補助金制度をつくっています。待っているだけでは、こういった恩恵は全く受けることができません。自ら動いて、積極的に情報を集め、優遇税制や補助金を大いに活用していきましょう。

投資減税のパンフレットは、国税庁や中小企業庁のホームページからダウンロードできます。

設備投資の優遇税制としては、一般的に特別償却か税額控除という選択制で減税になります。特別償却とは、通常の減価償却に上乗せで償却ができるというものです。例えば30%の特別償却なら、通常の減価償却に購入価額の30%が上乗せで償却できます。先取りで償却ができるだけなので、節税というよりは課税の繰延べという側面が強いといえます。

税額控除とは、例えば税額控除が７%であったら、購入価額の７%が税金からダイレクトに控除されます。ただし、税金の20%が上限というものが多いです。

●図表1－51　設備投資減税

通常の減価償却費　＋　購入価額×○○%
特別償却

または

所得税・法人税　－　購入価額×○○%
税額控除

上限あり

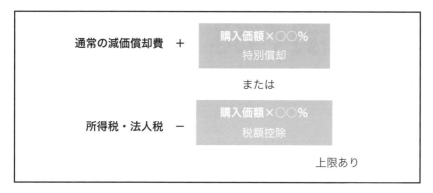

通常は節税効果の高い税額控除を選択するほうが有利ですが、資金繰りや投資資金の早期回収という意味合いで、初年度に償却を多くして税金を抑えたい場合や、一時的にその年度だけ所得が高く累進課税の税率が高率な場合であれば特別償却を選択するとよいでしょう。

# 24 設備投資で節税 ポピュラーな中小企業投資促進税制

## 中小企業投資促進税制の概要

個人事業主の設備投資を促進するために、1998年に創設された最もポピュラーで定番の設備投資減税制度です。

減税制度を受けるための、設備投資の証明書などが不要なので、手間がかからないことも特徴の１つです。

ほぼ全業種が対象になります。青色申告の届出をしている個人が対象です。

税額控除額は適用年度の所得税の20％までが上限となります。

●図表１－52　中小企業投資促進税制

| |
|---|
| 2025年３月までの取得 |
| 機械装置、工具、ソフトウェアなど |
| **30％特別償却**または**税額控除７％** |

対象設備のうち中古や貸付用は対象外となります。

従来はパソコンや複合機など（器具備品）も対象資産だったのですが、「中小企業経営強化税制」を利用することになります。

## ▶▶ 対象設備

機械装置はすべてが税制優遇措置の対象となりますが、それ以外は一定の条件があります。最低取得価額の要件もありますので確認しておきましょう。なお、リース資産も原則、対象となります。

また、補助金の収入などによる圧縮記帳の適用を受けた場合は、圧縮後の価額で最低取得価額要件を判定します。

●図表１－53 最低取得価額要件

| 資 産 | 細 目 | 最低取得価額 |
|---|---|---|
| 機械装置 | すべて | １台160万円以上 |
| 工具 | 測定工具および検査工具 | １台120万円以上、<br>１台30万円以上かつ<br>複数合計120万円以上 |
| ソフトウェア | 一定のソフトウェア | １のソフトウェアが70万円以上、複数合計70万円以上 |
| 貨物自動車 | 車両総重量3.5t以上 | |
| 内航船舶 | 取得価格の75%が対象 | |

# 25 中小企業経営強化税制

## 中小企業経営強化税制の概要

個人事業主の「攻めの投資」を支援するため、2017年に施行されましたが、2021年にはＤ類型が新たに追加されました。

特徴としては、経営力向上計画を作成して事業分野ごとの担当省庁の認定を受ける必要があることです。計画書の作成が要件となる税制が増えている傾向にあります。

適用対象設備は、Ａ類型（生産性向上設備）、Ｂ類型（収益力強化設備）、Ｃ類型（デジタル化設備）、Ｄ類型（経営資源集約化に資する設備）にわかれますが、一定の機械装置、工具器具備品、建物附属設備、ソフトウェアが対象となります。

最大の魅力は、即時償却または取得価額の10%の税額控除が適用できることです。税額控除は適用年度の所得税の20%が上限です。

●図表１－54　中小企業経営強化税制の概要

2025年３月までの取得

| Ａ類型 | Ｂ類型 | Ｃ類型 | Ｄ類型 |
|---|---|---|---|
| （生産性向上設備） | （収益力強化設備） | （デジタル化設備） | （経営資源集約化設備） |

**即時償却**または**税額控除10%**

対象設備のうち中古資産や貸付資産、事務用のものは除かれ、生産等設備が対象です。

　また、指定事業で使用することが条件となっています。対象業種は幅広いのですが、電気業や鉄道業、銀行業などは適用外です。

　全量売電の太陽光発電設備については、電気事業となり指定事業から外れ、適用はないのですが、例えば、小売業の店舗や製造業の工場で使用するなどの余剰売電は、小売業や製造業などの指定事業に使用していることになりますので適用を受けることができます。

## ▶▶ 対象設備

| 設備の種類（価額要件） |
| --- |
| 機械装置（160 万円以上） |
| 測定工具および検査工具（30 万円以上） |
| 器具備品（30 万円以上）<br>※A 類型の場合、測定工具または検査工具に限る。 |
| 建物附属設備（60 万円以上）<br>ボイラー、LED 照明、空調など |
| ソフトウェア（70 万円以上）<br>※A 類型の場合、設備の稼働状況等に係る情報収集機能および分析・指示機能を有するものに限る。 |

## ▶▶ A 類型の手続き

　設備メーカーから入手した工業会証明書を添付して、経営力向上計画の申請書を、担当省庁に計画申請します。原則的には、設備の取得前に経営力向上計画の認定を受ける必要がありますが、取得後であっても、設備取得日から60日以内に申請し事業年度末までに認定を受けることができれば、適用が可能です。

**step❶**

**工業会等による要件確認**

対象となる機械装置等には、工業会等から証明書が発行されるので、設備メーカーに発行依頼をする

**step❷**

**経営力向上計画を策定**

設備投資等により生産性を向上させるための計画で、現状認識、目標、取組内容などを記載する２枚程度の申請書

**step❸**

**担当省庁による認定**

機械装置等の取得前に、証明書の写しを添付した経営力向上計画を事業分野ごとの担当省庁に申請し認定される必要がある。申請から認定まで最大で30日。取得後であっても取得日から60日以内の申請かつ事業年度末までの認定で適用あり

**step❹**

**確定申告**

確定申告時に、経営力向上計画の写しと認定書の写しを添付する

## ▶▶ B類型・D類型の手続き

投資計画を作成し、税理士等の確認を受けてから、管轄の経済産業局に確認書の発行申請を行います。さらに、経営力向上計画を作成して設備の取得前に担当省庁に認定を受ける必要があります。

設備の取得後であっても、A類型同様に一定期間内の経営力向上計画の認定を受けることができますが、経済産業局への確認申請は設備取得前に行う必要がありますので注意して下さい。

D類型については、経営力向上計画に事業承継等事前調査に関する事項の記載があり、経営力向上計画に従って事業承継等を行った後に取得することが要件です。

**step❶ 投資計画を作成**

B類型：年平均の投資利益率が５％以上

$$\frac{「営業利益＋減価償却費」の３年間平均の増加見込額}{機械装置等の取得価額}$$

D類型：有形固定資産回転率または修正ROAで一定の要件を満たすもの

**step❷ 税理士等の事前確認**

投資計画について税理士等の認定経営革新等支援機関から事前確認を受け、事前確認書の発行を受ける

**step❸ 所轄経済産業局による要件確認**

機械装置等の取得前に、所轄の経済産業局に申請書と事前確認書を添付して確認書の発行申請を行い、確認書を受け取る

**step❹ 担当省庁による認定**

機械装置等の取得前に、確認書の写しを添付した経営力向上計画書を事業分野ごとの担当省庁に申請し認定を受ける必要がある。取得後であっても取得日から60日以内の申請かつ事業年度末までの認定で適用あり

**step❺ 確定申告**

確定申告時に、計画申請書と確認書および認定書（いずれも写し）を添付する

## ▶▶ C類型の手続き

テレワーク等の業務のデジタル化を促進するために、遠隔操作、可視化、自動制御化のいずれかを可能にする設備が対象となっています。

**step❶**

**投資計画書の作成**

事業のデジタル化に資する設備（遠隔操作、可視化、自動制御化のいずれか）の投資計画を作成する

**step❷**

**税理士等の事前確認**

投資計画について税理士等の認定経営革新等支援機関から事前確認を受け、事前確認書の発行を受ける

**step❸**

**所轄経済産業局による要件確認**

デジタル化設備の取得前に、所轄の経済産業局に申請書と事前確認書を添付して確認書の発行申請を行い、確認書を受け取る

**step❹**

**担当省庁による認定**

デジタル化設備の取得前に、確認書の写しを添付した経営力向上計画書を、事業分野ごとの担当省庁に申請し認定を受ける必要がある。取得後であっても取得日から60日以内の申請かつ事業年度末までの認定で適用あり

**step❺**

**確定申告**

確定申告時に、計画申請書と確認書および認定証（いずれも写し）を添付する

## ▶▶ 経営力向上計画

経営向上計画を作成して経営力向上を図ることが目的です。①企業の概要、②現状認識、③経営力向上の目標および経営力向上の程度を示す指標、④経営力向上の内容など、実質２枚程度の簡単な計画等を作成することによ

り、認定を受けることができます。

具体的には、中小企業庁のホームページの事業分野別の申請書記載例を参考に記載していくことになります。



（別紙）

経営力向上計画

1　名称等

| | |
|---|---|
| 事業者の氏名又は名称 | 株式会社○○○○ |
| 代表者名（事業者が法人の場合） | ○○○○ |
| 資本金又は出資の額 | ○○○万円 |
| 常時雇用する従業員の数 | ○○人 |
| 法人番号 | ○○○○○○○○○○○○○ |

2　事業分野と事業分野別指針名

事業分野（561　百貨店、総合スーパー／5611　百貨店、総合スーパー）　事業分野別指針名（卸売・小売業に係る経営力向上に関する指針）

3　実施時期

2024年1月～2029年12月

4　現状認識

| | | |
|---|---|---|
| ① | 自社の事業概要 | 昭和○○年に創業の○○県内に○○店舗を経営するスーパー。直近の 2023 年度の売上高は○○○○○○千円であり、卸売・小売業に係る経営力向上に関する指針の中規模企業に該当。 |
| ② | 自社の商品・サービスが対象とする顧客・市場の動向、競合の動向 | 近隣住民を顧客としており、地域に根ざしたスーパーとして経営。競合する店舗はこれまでのところ現れていないものの、地域全体の過疎化が進んでおり、顧客は減少・高齢化している。<br>来客数が年々縮小し、客単価も下がってきており、売上げも縮小してきている。なお、ＰＢ（プライベートブランド）商品は扱っていない。<br><br>（近年の当社の経営指標の推移） |
| | | |

（近年の当社の経営指標の推移）

| | 2021年度 | 2022年度 | 2023年度 |
|---|---|---|---|
| 来客数 | ○○万人 | ○○万人 | ○○万人 |
| 売上げ | ○○．○億円 | ○○．○億円 | ○○．○億円 |
| 客単価 | ○○○円／人 | ○○○円／人 | ○○○円／人 |

- **事業分野別指針**：事業分野ごとの指針を記載
- **実施時期**：3年、4年、5年のいずれかを記載
- **事業概要**：自社の事業等について記載
- **自社の規模**：指針による自社の規模を記載（売上で判定）
- **SWOT分析**：外部環境や自社の強みや弱みを記載
- **経営指標の推移**：顧客数や売上等の推移を記載

**ローカルベンチマーク**
経済産業省のサイトのローカルベンチマークシートを活用

**経営状況**
経営上の課題を記載

**指標の種類**
基本的には労働生産性を指標として記載

**労働生産性の算式**
（営業利益＋人件費＋減価償却費）÷従業員数

**事業分野別の指針**
指針の該当箇所を記載

**実施事項**
「4 現状認識」の経営課題に取り組むための具体的な実施事項を、該当箇所の指針を参照に記載

| | | |
|---|---|---|
| ③ | 自社の経営状況 | ローカルベンチマークの算出結果<br>（現状値）<br>指標 / 算出結果 / 評点<br>①売上高増加率 3.1% 3<br>②営業利益率 2.0% 3<br>③労働生産性 100千円 2<br>④EBITDA有利子負債倍率 0.8倍 5<br>⑤営業運転資本回転期間 0.6ヶ月 4<br>⑥自己資本比率 40.0% 3<br>（計画終了時目標値）<br>指標 / 算出結果 / 評点<br>①売上高増加率 25.0% 5<br>②営業利益率 3.3% 3<br>③労働生産性 227千円 2<br>④EBITDA有利子負債倍率 0.6倍 5<br>⑤営業運転資本回転期間 0.8ヶ月 4<br>⑥自己資本比率 41.7% 3<br>売上は○○年度○○○千円、○○年度○○○千円と増加している一方で営業利益については○○年度○○○千円、○○年度○○○千円と減少している。 |
| ④ | 経営課題 | 変化している地域の構造に対応できておらず、具体的には以下の経営上の問題がある。<br><br>①長年、ファミリー層をイメージした商品構成を変えずに経営してきたが、顧客が高齢化し、求める商品が変化してきている。顧客の高齢化に対応する商品中心の商品構成につくり変える必要がある。<br>②人手不足が深刻化しており、バックヤードで揚げ物等調理するパートタイム職員を雇用することが困難になりつつある。現在のパートタイム職員も高齢化しており、現在の人員数を今後維持できない可能性が高く、少ない人手で運営できるスーパーにする必要がある。 |

5　経営力向上の目標及び経営力向上による経営の向上の程度を示す指標

| 指標の種類 | A 現状（数値） | B 計画終了時の目標（数値） | 伸び率（(B−A)／A）(%) |
|---|---|---|---|
| 労働生産性 | 1,250 千円 | 1,280 千円 | 2% |

6　経営力向上の内容

| | 事業分野別指針の該当箇所 | 実施事項（具体的な取組を記載） | 新事業活動への該非（該当する場合は○） |
|---|---|---|---|
| ア | Ⅱハ（2）（i）（ii） | ＰＯＳシステムの運用データから売れ筋商品と販売数量を分析し、高齢層をターゲットとした商品構成・発注数量の見直しを行う。 | |

**新事業活動**
新事業活動とは、新商品の導入、商品の新たな生産方法や販売方法の導入など

| | | | |
|---|---|---|---|
| イ | Ⅱロ（2）（iii） | 各店舗のバックヤードでの調理作業を廃止し、代わりに集中加工センターを新設し、食料品製造業用設備を設置、そこで調理加工（揚げ物、精肉等のパック商品等）した上で各店舗に配送することで、現在より少ない人手で運営できる体制を構築する。 | ○ |

7　経営力向上を実施するために必要な資金の額及びその調達方法

| 実施事項 | 使途・用途 | 資金調達方法 | 金額（千円） |
|---|---|---|---|
| ア | POSデータの分析費用 | 自己資金 | 5,000 |
| イ | 集中加工センター新設 | 融資 | 30,000 |

8　経営力向上設備等の種類

| | 実施事項 | 取得年月 | 利用を想定している支援措置 | 設備等の名称／型式 | 所在地 |
|---|---|---|---|---|---|
| 1 | イ | 2024. 5 | (国A)・国B | 業務用大型冷蔵庫／METI001 | ●●県××市 |
| 2 | イ | 2024. 5 | (国A)・国B | 電気フライヤー／ABCD1234 | ●●県××市 |
| 3 | イ | 2024. 5 | 国A・(国B) | 空調設備／HM4321 | ●●県××市 |
| 4 | イ | 2024. 5 | (国A)・国B | ピロー包装機／XYZ1234 | ●●県××市 |

| | 設備等の種類 | 単価（千円） | 数量 | 金額（千円） | 証明書等の文書番号等 |
|---|---|---|---|---|---|
| 1 | 器具備品 | 1,200 | 2 | 2,400 | 厨工会経 17052345 |
| 2 | 器具備品 | 600 | 4 | 2,400 | 厨工会経 17052367 |
| 3 | 建物附属設備 | 5,000 | 1 | 5,000 | 空工会経 17043281<br>20170523 中生投第○号 |
| | 機械装置 | 1,700 | 2 | 3,400 | 厨工会経 17052389 |

| | 設備等の種類 | 数量 | 金額（千円） |
|---|---|---|---|
| 設備等の種類別小計 | 機械装置 | 2 | 3,400 |
| | 器具備品 | 6 | 4,800 |
| | 工具 | 0 | 0 |
| | 建物附属設備 | 1 | 5,000 |
| | ソフトウエア | 0 | 0 |
| 合計 | | 9 | 13,200 |

**支援措置**
定想している措置（国税A類型、国税B類型）のいずれかに○を記載

**取得年月日**
取得予定年月日を記載

**実施事項**
「6 経営力向上の内容」の実施事項ごとの記号を記載

**設備等の種類**
各設備の減価償却資産の種類を記載

**設備等の種類別小計**
減価償却資産の種類ごとに数量、金額の小計を記載

**証明書等の文書番号等**
工業会等の証明書の整理番号や、経済産業局の確認書の文書番号を記載

# 26 生産性向上特別措置法による支援 固定資産税（償却資産税）の特例

## 固定資産税（償却資産税）の特例の概要

個人事業主の労働生産性は大法人と比べて低く、その差は拡大傾向にあります。老朽化が進む設備を生産性の高い設備に一新して、少子高齢化や人手不足の環境を乗り越えるための労働生産性向上を目的に2018年に創設されました。

一定の要件を満たす設備投資を対象に、固定資産税を３年間、１/２（賃上げ表明を行った場合は最長５年間１/３）に軽減する時限的な特例措置で赤字企業にも減税効果があることが特徴です。

事業用の機械や器具備品などの償却資産に対する固定資産税は、土地や家屋と違って、個人事業主が１月31日までに各市町村に前年度中の償却資産の増減を申告する必要があります（車両は償却資産から除かれる）。

償却資産の合計が150万円未満までは課税されませんが、150万円以上になるとその全額に対して1.4%の税率で課税されます。

●図表１－55　固定資産税（償却資産税）の特例

2025年3月まで

機械装置、一定の工具、器具備品、建物附属設備

**３年間の固定資産税が１/２に軽減**

なお、中古や貸付用は対象外で、生産や販売活動等に直接使用されるものに限られます。

## 対象設備

対象設備は、年平均の投資利益率が５％以上と見込まれる以下の設備となっています。

●図表１－56　対象設備

| 種類 | 最低取得価額 | 販売開始時期 |
|---|---|---|
| 機械装置 | 1台160万円以上 | 10年以内 |
| 測定工具および検査工具 | 1台30万円以上 | 5年以内 |
| 器具備品 | 1台30万円以上 | 6年以内 |
| 建物附属設備 | 1台60万円以上 | 14年以内 |

## 手続き

設備メーカーから入手した工業会証明書を添付して、「先端設備導入計画」の申請書を所在する市町村に計画申請します。「経営力向上計画」のように、設備取得後に計画申請を認める特例はありませんので注意が必要です。また、「経営力向上計画」とは違って、認定経営革新等支援機関に事前確認が必要となります。

**step❶**

**証明書の受け取り**

対象となる機械装置等には、工業会等から証明書が発行されるので、設備メーカーに発行依頼をする。証明書を取得できなかった場合でも、認定後から1月1日までに追加提出することで特例を受けることが可能

**step❷**

**先端設備導入計画を策定**

設備投資等により労働生産性を向上させるための計画で、現状認識、目標、取組内容などを記載する2枚程度の申請書を作成。「経営力向上計画」に類似

**step❸**

**経営革新等支援機関の事前確認**

「先端設備導入計画」の事前確認依頼をし、認定経営革新等支援機関から「事前確認書」を受け取る

**step❹**

**市区町村による認定**

機械装置等の取得前に、証明書の写し、「事前確認書」を添付した「先端設備導入計画」を市区町村に申請し認定を受ける必要がある

**step❺**

**申告**

償却資産税の申告時に、先端設備導入計画の写し、申請書の写し、認定書の写しと証明書の写しを添付する

## 先端設備導入計画

先端設備等導入計画

1　名称等

| | | |
|---|---|---|
| 1 | 事業者の氏名又は名称 | ○○ ○○ |
| 2 | 代表者名（事業者が法人の場合） | |
| 3 | 法人番号 | ×××××××××××××× |
| 4 | 資本金又は出資の額 | |
| 5 | 常時使用する従業員の数 | 12 人 |
| 6 | 主たる業種 | 輸送用機械器具製造業 |

**主たる業種**
日本標準産業分類の中分類を記載

2　計画期間

2024 年 1 月～2029 年 12 月

**実施時期**
計画開始の月から起算して、3 年、4 年、5 年のいずれかの期間を設定

3　現状認識

① 自社の事業概要

自動車部品の製造を事業の中核としつつ、電動工具の部品など、多品種小ロットの金属製品の部品製造を行う。

**自社の事業内容**
自社の事業等について記載

② 自社の経営状況

売上は 2022 年 3 月期 210,000 千円、 2023 年 3 月期 225,000 千円と増加しており、営業利益についても 2022 年 3 月期 1,200 千円から 2023 年度 3 月期 2,700 千円と増加している。要因としては、大手取引先からの受注量の増加や、熟練工を中心に歩留まり改善に向けた地道な取組みの成果によるものである。

他方で、(1)近年設備投資を行っておらず、現在の受注量を大幅に増加させることは難しいこと、(2)熟練工が定年退職の時期を迎えており、適切な工程設計ができる人員が不足しているほか、長年の経験を活かした歩留まりの改善や品質の向上を図るには限界があることが、今後、当社の生産性を高め、業績を伸ばしていくうえでの課題である。

**自社の経営状況**
売上高等の財務指標や顧客の数、主力取引先企業の推移を記載
市場の規模やシェア、自社の強み・弱み等を記載

4　先端設備等導入の内容

（1）事業の内容及び実施時期

① 具体的な取組内容

・現在の設備は導入から年数が経っており、今後の受注増に対応できないことから、新たに NC 旋盤 1 台を導入する。新しい設備の導入により、従来よりも高精度な加工が可能になることに加え、生産期間の短縮が見込めることから、新規取引先の開拓も含めて受注増に取り組む。

・受注が増え、新しい部品を製造する場合であっても品質を維持していけるよう、新たに三次元測定器を導入して熟練工以外の従業員であっても検査にばらつきが生じない体制の構築を図る。

・新たに導入する NC 旋盤及び三次元測定器により、製造工程から検査工程を自動化することができるため、これに対応した新しい生産管理システムを導入する。

**具体的な取組内容**
先端設備等の導入で、実際に取り組む内容について記載

② 将来の展望

・新たな設備の導入により、より多くの受注に対応できるとともに、受注できる製品の幅も広がることから、積極的な新規顧客の開拓にも取り組み、売上の増加を図る。

**将来の展望**
先端設備等導入による効果について記載

・熟練工が定年退職を迎え、貴重な経験が失われることへの対応及び人員の確保が当面の懸案であるが、三次元測定器の導入による品質管理や、製造工程と検査工程の統合による工程の短縮により、熟練工以外の従業員であっても品質のばらつきがなく、限られた人員でもより多くの受注に対応できる体制を構築することにより、大幅な生産性の向上を実現することができる。

（2）先端設備等の導入による労働生産性向上の目標

| 現状<br>（A） | 計画終了時の目標<br>（B） | 伸び率<br>（B－A）／A |
|---|---|---|
| 8,000 千円 | 8,720 千円 | 9.0% |

（3）先端設備等の種類及び導入時期

| | 設備名／型式 | 導入時期 | 所在地 |
|---|---|---|---|
| 1 | NC 旋盤／AAA-0123 | 2024年11月 | ○○県○○市○○1-2-3 |
| 2 | 三次元測定器／XYZ99 | 2024年11月 | ○○県○○市○○1-2-3 |
| 3 | 生産管理システム／ABC55Ⅱ | 2025年　4月 | ○○県○○市○○1-2-3 |
| 4 | | 年　　月 | |
| 5 | | 年　　月 | |

| | 設備等の種類 | 単価（千円） | 数量 | 金額（千円） | 証明書等の文書番号 |
|---|---|---|---|---|---|
| 1 | 機械装置 | 20,000 | 1 | 20,000 | 123456 |
| 2 | 器具備品 | 10,000 | 1 | 10,000 | H30-0015 |
| 3 | ソフトウエア | 5,000 | 1 | 5,000 | |
| 4 | | | | | |
| 5 | | | | | |

| | 設備等の種類 | 数量 | 金額（千円） |
|---|---|---|---|
| 設備等の種類別小計 | 機械装置 | 1 | 20,000 |
| | 器具備品 | 1 | 10,000 |
| | ソフトウエア | 1 | 5,000 |
| | | | |
| | | | |
| 合計 | | 3 | 35,000 |

5　先端設備等導入に必要な資金の額及びその調達方法

| 使途・用途 | 資金調達方法 | 金額（千円） |
|---|---|---|
| 先端設備等購入資金 | 融資 | 30,000 |
| 先端設備等購入資金 | 自己資金 | 5,000 |
| | | |

**目標**
「現状」は計画開始直前の決算、「計画終了時の目標」は計画終了直前決算をもとに計算、年平均3%以上向上すること

**労働生産性**
労働生産性＝（営業利益＋人件費＋減価償却費）÷労働投入量（労働者数）

**先端設備等の種類及び導入時期**
導入を予定している先端設備等をこの欄に記載

**所在地**
当該設備の設置予定地を記載

**導入時期**
設備取得予定年月日を記載

**証明書等の文書番号**
添付する工業会等の証明書の整理番号を記載

**設備等の種類**
各設備の減価償却資産の種類を記載

**使途・用途**
必要とする資金について、具体的な使途・用途を記載

**資金調達方法**
自己資金、融資、補助金等を記載。なお、同一の使途・用途であっても、複数の資金調達方法により資金を調達する場合には、資金調達方法ごとに項目をわけて記載。

# 27 設備投資で節税 お手軽な少額減価償却資産の特例



## 少額減価償却資産の特例の概要

10万円未満の資産は、即時償却することができますが、10万円以上の資産を購入すると、購入した年度に一括で経費にすることができません。一度、資産計上をして、耐用年数に応じて減価償却により経費にしていきます。これが原則的な取扱いですが、取得価額30万円未満の資産については、合計300万円まで、購入した年度に即時償却することができます。

対象者は青色申告の届出をしている個人事業主で、すべての業種とすべての減価償却資産が対象となります。また、中古品でも対象となりますので、手軽に利用することができます。

●図表１－59　少額減価償却資産の特例

2026年３月まで

**30万円未満の減価償却資産**

合計で300万円まで**即時償却**

30万円未満
全額、必要経費にできる（合計300万円以下）
20万円未満
３年間で必要経費にできる
10万円未満
全額、必要経費にできる

## ▶▶ 貸付用の少額減価償却資産

2022年度税制改正で、即時償却等に該当する資産から「貸付け（主要な事業として行われるものを除く）の用に供した資産」が除外されました。これは、ドローンや建築現場の足場材料など、一個あたりの取得価額が10万円未満の少額資産を大量に取得し即時償却を行い、その資産を他者に貸し出すという節税方法への対策のために設けられたようです。

# 28 設備投資で節税 設備投資減税のまとめ

## 設備投資減税のまとめ

これまでにみてきたとおり、複数の設備投資減税が用意されています。図表１－60を参考に整理しましょう。

●図表１－60　設備投資減税のまとめ

| | 中小企業投資促進税制 | 中小企業経営強化税制 |
|---|---|---|
| 対象者 | 青色申告の個人事業主 | 青色申告の個人事業主 |
| 優遇税制 | 30％特別償却<br>または７％税額控除 | 100％即時償却<br>または 10％税額控除 |
| 対象業種 | ほぼ全業種 | ほぼ全業種 |
| 対象設備 | 機械装置<br>一定の工具<br>一定のソフト等 | Ａ生産性向上設備<br>Ｂ収益力強化設備<br>Ｃデジタル化設備<br>Ｄ経営資源集約化設備 |
| 手続き | なし | 経営力向上計画や証明書等 |
| 取得期限 | 2025 年３月 | 2025 年３月 |

# 29 決算書４枚目の仕組み

## 決算書４枚目

決算書４枚目は、貸借対照表となります。個人事業における資産や債務が記載されて、その差額が元入金となります。法人においては純資産の部に相当します。開業時に入れた元入金に、開業してから現在に至るまでの事業に蓄積された利益と事業主借勘定を加算して、事業主貸勘定を減算しています。

総資本（総資産）に占める純資産の割合を自己資本比率といいます。30%を目安として、できれば50%を目指したい経営指標です。返済義務のない純資産である元入金が多ければ多いほど、その事業は安全性が高いといえます。

事業が黒字でも、事業資金からのプライベートな支出が多ければ、多額の事業主勘定が元入金から相殺されますので、純資産である元入金がマイナスとなり債務超過の状態となってしまいます。資産より負債のほうが上回りますので、法人成りする際に役員貸付金として計上することになります。

決算書４枚目の左側に貸借対照表、右側に製造原価の計算が記載されています。青色申告特別控除55万円（65万円）の適用を受ける場合には提出が必要です。

## ●図表１－61　決算書４枚目の仕組み

（令和五年分以降用）

● 65万円又は55万円の青色申告特別控除を受ける人は必ず記入してください。それ以外の人でも分かる箇所はできるだけ記入してください。

### 貸借対照表　（資産負債調）

（令和 5 年 12 月 31 日現在）

| 資産の部 科目 | 1月1日（期首） | 12月31日（期末） | 負債・資本の部 科目 | 1月1日（期首） | 12月31日（期末） |
|---|---|---|---|---|---|
| 現金 | 52,342円 | 2,342,556円 | 支払手形 | 円 | 円 |
| 当座預金 | | | 買掛金 | 3,012,765 | 2,523,442 |
| 定期預金 | | | 借入金 | 16,000,000 | 15,340,000 |
| その他の預金 | 562,342 | 279,470 | 未払金 | 564,320 | 0 |
| 受取手形 | | | 前受金 | | |
| 売掛金 | 2,567,336 | 6,125,686 | 預り金 | 26,431 | 35,200 |
| 有価証券 | 20,000 | 20,000 | | | |
| 棚卸資産 | | | | | |
| 前払金 | | | | | |
| 貸付金 | | | | | |
| 建物 | | | | | |
| 建物附属設備 | | | | | |
| 機械装置 | | | | | |
| 車両運搬具 | 720,000 | 499,560 | 貸倒引当金 | 201,115 | 217,603 |
| 工具器具備品 | 0 | 485,056 | | | |
| 土地 | | | | | |
| | | | | | |
| | | | | | |
| | | | | | |
| | | | | | |
| | | | | | |
| | | | 事業主借 | | 19,290,429 |
| | | | 元入金 | -15,882,611 | -15,882,611 |
| 事業主貸 | | 12,524,434 | 青色申告特別控除前の所得金額 | | 752,699 |
| 合計 | 3,922,020 | 22,276,762 | 合計 | 3,922,020 | 22,276,762 |

（注）「元入金」は、「期首の資産の総額」から「期首の負債の総額」を差し引いて計算します。

### 製造原価の計算

（原価計算を行っていない人は、記入する必要はありません。）

| 科目 | | | 金額 |
|---|---|---|---|
| 原材料費 | 期首原材料棚卸高 | ① | 円 |
| | 原材料仕入高 | ② | |
| | 小計（①＋②） | ③ | |
| | 期末原材料棚卸高 | ④ | |
| | 差引原材料費（③－④） | ⑤ | |
| 労務費 | | ⑥ | |
| その他の製造経費 | 外注工賃 | ⑦ | |
| | 電力費 | ⑧ | |
| | 水道光熱費 | ⑨ | |
| | 修繕費 | ⑩ | |
| | 減価償却費 | ⑪ | |
| | | ⑫ | |
| | | ⑬ | |
| | | ⑭ | |
| | | ⑮ | |
| | | ⑯ | |
| | | ⑰ | |
| | | ⑱ | |
| | | ⑲ | |
| | 雑費 | ⑳ | |
| | 計 | ㉑ | |
| 総製造費（⑤＋⑥＋㉑） | | ㉒ | |
| 期首半製品・仕掛品棚卸高 | | ㉓ | |
| 小計（㉒＋㉓） | | ㉔ | |
| 期末半製品・仕掛品棚卸高 | | ㉕ | |
| 製品製造原価（㉔－㉕） | | ㉖ | |

（注）㉖欄の金額は、1ページの「損益計算書」の③欄に移記してください。

一致

**減価償却資産**
決算書３枚目の未償却残高と一致

**製品製造原価**
決算書1枚目の仕入金額に転記

**棚卸資産**
決算書１枚目の期首商品棚卸高と期末商品棚卸高に一致

**元入金**
期首残高と期末残高は同額
翌年の期首残高＝事業主借＋元入金＋青色申告特別控除前の所得金額－事業主貸

**1月1日（期首残高）**
前年の期末残高を転記

**貸倒引当金**
決算書1枚目の貸倒引当金繰戻額と繰入額に一致

# 30 決算書4枚目から粉飾を見破る

## 現　金

現金残高が何百万円単位で記載されているケースがあります。多くの場合は、実際の現金残高と大きく違うことが容易に想像できます。複式簿記ですので、経済取引を適正に処理していないと、貸借対照表のどこかに必ず歪みが生じてしまいます。

現金残高が多額な場合、粉飾決算というよりは、会計処理がずさんに行われているという証拠です。現金払いの費用が処理されていない、プライベートの出費が処理されていない、などが主な原因ですが、なかには従業員が横領しているケースも考えられます。帳簿上は儲かっているのに資金繰りが厳しいのは、費用処理がもれていてそもそも黒字ではない、プライベートの出費をしっかり認識していないということでしょう。

実際の現金残高は、毎日金種表を作成して、帳簿残高と合わせることが非常に大切です。手元現金の残高は５万円と決めて、差額を預金に入金してもよいでしょう。横領は少額な現金から始まります。現金をしっかり管理して、従業員に罪をつくる機会を与えないようにしましょう。

## 預　金

預金は、粉飾がしにくい勘定科目ですが、すべての預金の残高証明書は確認したいものです。プライベートな預金が入りこんでいたり、事業用の定期預金が解約になっていたりしないでしょうか。

また、帳簿残高と残高証明書残高との少額な差異から、従業員による多額の横領が発覚するケースもあります。

●図表１－62　決算書４枚目の現金・預金

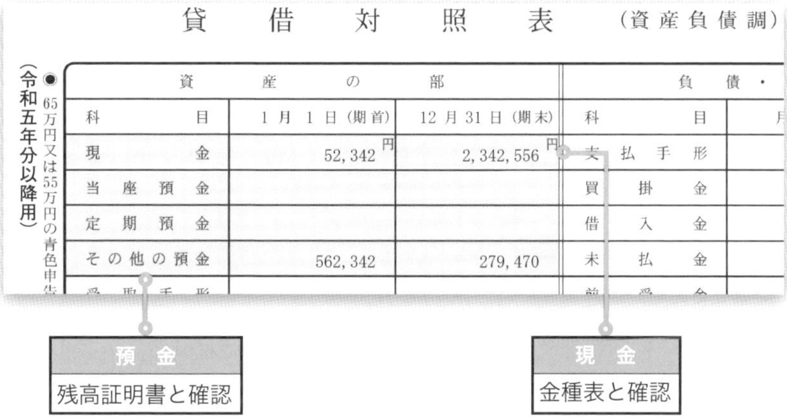


| 資産の部 | | | 負債・ |
|---|---|---|---|
| 科目 | 1月1日（期首） | 12月31日（期末） | 科目 |
| 現金 | 52,342円 | 2,342,556円 | 支払手形 |
| 当座預金 | | | 買掛金 |
| 定期預金 | | | 借入金 |
| その他の預金 | 562,342 | 279,470 | 未払金 |
| 受取手形 | | | 前受金 |

## ▶▶ 売掛金

粉飾決算では、売上の架空計上が想定されます。複式簿記では、相手勘定科目が売掛金ですので、売掛金に異常値が出てくる可能性があります。 架空売上でしたら、もちろん売掛金の回収はできないので売掛金残高が膨らん

●図表１－63　決算書４枚目の売掛金

| | 借　方 | 貸　方 |
|---|---|---|
| 架空売上 | 売掛金　1,000,000 | 売　上　1,000,000 |
| 回　収 | 現　金　0 | 売掛金　0 |

回収されないので売掛金は増加

でいきます。

売上債権回転期間で、過去からの推移や、同業者比較をしてみましょう（図表１－65参照）。

| 売上債権回転期間（月） | 売上債権÷平均月商 |
|---|---|

## 買掛金

仕入の過小計上も、粉飾決算では想定できます。仕入計上が除外されても、実際の支払いはありますので買掛金残高が著しく減少していきます。

●図表１－64　決算書４枚目の買掛金

| | 借　方 | | 貸　方 | |
|---|---|---|---|---|
| 仕入除外 | ~~仕　入~~ | ~~800,000~~ | ~~買掛金~~ | ~~800,000~~ |
| 支　払 | 買掛金 | 800,000 | 現　金 | 800,000 |

支払いはあるので買掛金は減少

仕入債務回転期間で、過去からの推移や、同業者比較をしてみましょう。

| 仕入債務回転期間（月） | 仕入債務÷平均月商 |
|---|---|

## 資産の過大計上、負債の過小計上

粉飾決算は、貸借対照表では資産の過大計上、負債の過小計上という形であらわれてきます。資産の内容で不明瞭なもの、仕入債務や未払金が極端に少ないものは注意しましょう。

逆に売上除外などの脱税は、不明な借入金などの負債が過大になる傾向があります。裏の簿外口座に売上除外したお金を入金しますが、表の事業資金が足りずに借入金として入金するので、不明な借入金が増加していきます。

●図表１－65　売上債権回転期間と仕入債務回転期間

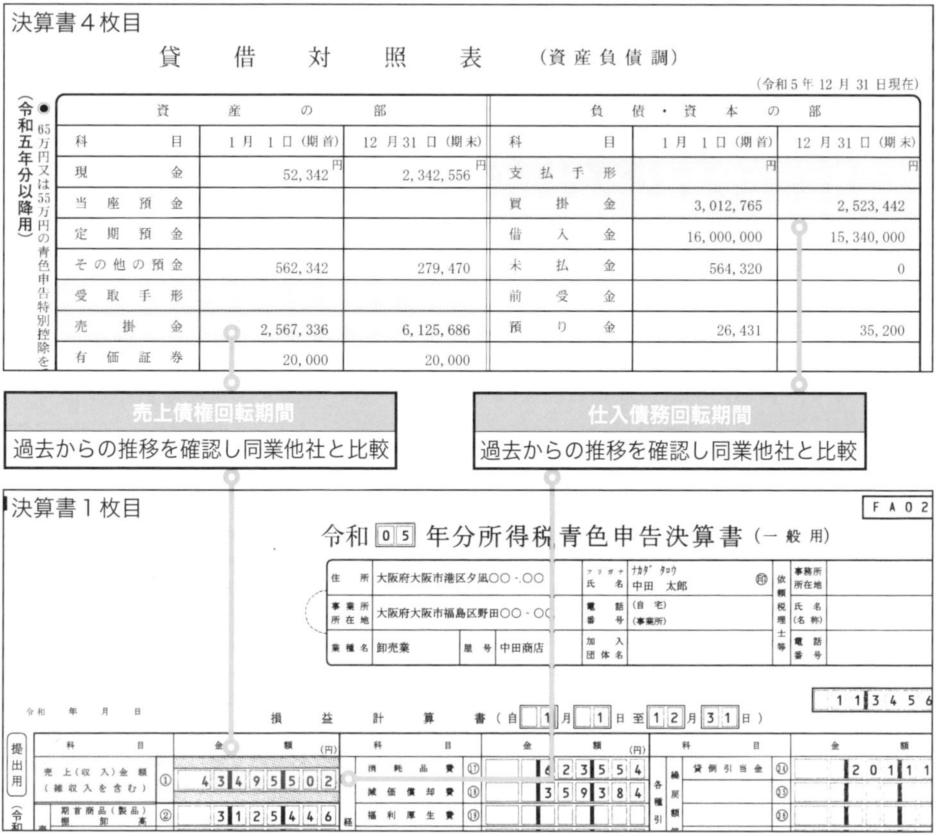
決算書４枚目

貸　借　対　照　表　（資産負債調）

（令和５年12月31日現在）

（令和五年分以降用）

●65万円又は55万円の青色申告特別控除を…

| 資産の部 | | | 負債・資本の部 | | |
|---|---|---|---|---|---|
| 科目 | 1月1日（期首） | 12月31日（期末） | 科目 | 1月1日（期首） | 12月31日（期末） |
| 現金 | 52,342円 | 2,342,556円 | 支払手形 | 円 | 円 |
| 当座預金 | | | 買掛金 | 3,012,765 | 2,523,442 |
| 定期預金 | | | 借入金 | 16,000,000 | 15,340,000 |
| その他の預金 | 562,342 | 279,470 | 未払金 | 564,320 | 0 |
| 受取手形 | | | 前受金 | | |
| 売掛金 | 2,567,336 | 6,125,686 | 預り金 | 26,431 | 35,200 |
| 有価証券 | 20,000 | 20,000 | | | |

売上債権回転期間
過去からの推移を確認し同業他社と比較
仕入債務回転期間
過去からの推移を確認し同業他社と比較



決算書１枚目

FA02

令和 05 年分所得税青色申告決算書（一般用）

| | | | |
|---|---|---|---|
| 住所 | 大阪府大阪市港区夕凪○○-.○○ | フリガナ 氏名 | ﾅｶﾀﾞ ﾀﾛｳ 中田 太郎 ㊞ |
| 事業所所在地 | 大阪府大阪市福島区野田○○-○○ | 電話番号 | （自宅）（事業所） |
| 業種名 | 卸売業　屋号 中田商店 | 加入団体名 | |

依頼税理士等：事務所所在地／氏名（名称）／電話番号

令和　年　月　日

11345６

損益計算書（自 1月 1日 至 12月 31日）

提出用

| 科目 | | 金額（円） | 科目 | | 金額（円） | 科目 | | 金額 |
|---|---|---|---|---|---|---|---|---|
| 売上（収入）金額（雑収入を含む） | ① | 43495502 | 消耗品費 | ⑰ | 623554 | 貸倒引当金 | ㉞ | 20111 |
| 期首商品（製品）棚卸高 | ② | 3125446 | 減価償却費 | ⑱ | 359384 | | ㉟ | |
| | | | 福利厚生費 | ⑲ | | | ㊱ | |

# 31 個人事業独特の貸借対照表

## 法人の貸借対照表

法人の貸借対照表は、資産の部は流動資産、固定資産、繰延資産に区分されます。負債の部は、流動負債と固定負債に区分されます。また、資産の部は現金化しやすいものから、負債の部は支払期限の早いものから、順に表示されます。一定のルールを設けて利害関係者にわかりやすく表示しようとする、会計の明瞭性の原則から導かれています。

流動と固定の分け方は、正常営業循環基準とワンイヤールールの２つのルールがあります。正常営業循環基準とは、正常な営業循環内にある取引にかかる勘定科目は流動とするルールです。ワンイヤールールとは、決算日後1年以内に回収または支払いがある勘定科目は流動とするルールです。

●図表１－66　正常営業循環基準

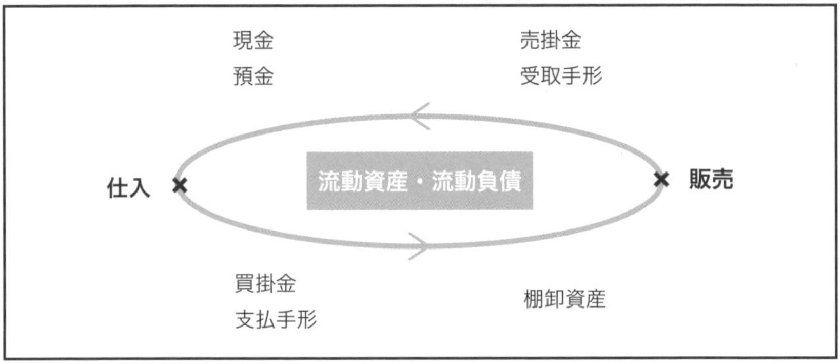

●図表１－67　ワンイヤールール

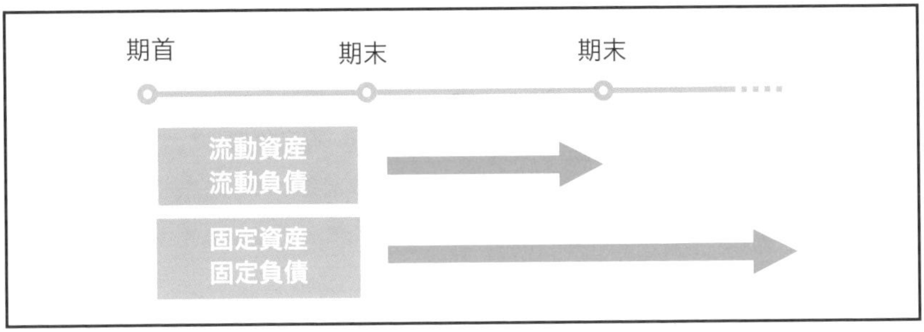


## 個人事業独特の貸借対照表

個人事業の貸借対照表は、資産、負債、資本には区分されていますが、法人のような細かい区分はありません。個人事業独特の勘定科目として事業主貸勘定と事業主借勘定があります。事業所から事業主個人への生活費などの支出は、事業主貸勘定となります。法人では、役員報酬または役員貸付金に相当します。事業主借勘定は、事業主個人から事業所への資金注入です。法人では役員借入金に相当します。事業主勘定は翌期には所得と一緒に元入金に組み込まれます。青色申告特別控除前の所得の範囲内で、生活費を引き出すことが望ましいでしょう。

## ●図表１－68　法人と個人の貸借対照表の対比

〈法人〉

| | |
|---|---|
| 流動資産 | 流動負債 |
| 固定資産 | 固定負債 |
| 繰延資産 | 資　本 |

〈個人〉

**決算書４枚目**

### 貸　借　対　照　表　（資産負債調）

(令和五年分以降用)

● 65万円又は55万円の青色申告特別控除を受ける人は必ず記入してください。それ以外の人でも分かる箇所はできるだけ記入してください。

（令和 5 年 12 月 31 日現在）

| 資産の部 | | | 負債・資本の部 | | |
|---|---|---|---|---|---|
| 科目 | 1月1日（期首） | 12月31日（期末） | 科目 | 1月1日（期首） | 12月31日（期末） |
| 現金 | 52,342円 | 2,342,556円 | 支払手形 | 円 | 円 |
| 当座預金 | | | 買掛金 | 3,012,765 | 2,523,442 |
| 定期預金 | | | 借入金 | 16,000,000 | 15,340,000 |
| その他の預金 | 562,342 | 279,470 | 未払金 | 564,320 | 0 |
| 受取手形 | | | 前受金 | | |
| 売掛金 | 2,567,336 | 6,125,686 | 預り金 | 26,431 | 35,200 |
| 有価証券 | 20,000 | 20,000 | | | |
| 棚卸資産 | | | | | |
| 前払金 | | | | | |
| 貸付金 | | | | | |
| 建物 | | | | | |
| 建物附属設備 | | | | | |
| 機械装置 | | | | | |
| 車両運搬具 | 720,000 | 499,560 | 貸倒引当金 | 201,115 | 217,603 |
| 工具器具備品 | 0 | 485,056 | | | |
| 土地 | | | | | |
| | | | | | |
| | | | | | |
| | | | | | |
| | | | | | |
| | | | | | |
| | | | 事業主借 | | 19,290,429 |
| | | | 元入金 | -15,882,611 | -15,882,611 |
| 事業主貸 | | 12,524,434 | 青色申告特別控除前の所得金額 | | 752,699 |
| 合計 | 3,922,020 | 22,276,762 | 合計 | 3,922,020 | 22,276,762 |

(注)「元入金」は、「期首の資産の総額」から「期首の負債の総額」を差し引いて計算します。

### 製造原価の計算

（原価計算を行っていない人は、記入する必要はありません。）

| 科目 | | | 金額 |
|---|---|---|---|
| 原材料費 | 期首原材料棚卸高 | ① | 円 |
| | 原材料仕入高 | ② | |
| | 小計（①＋②） | ③ | |
| | 期末原材料棚卸高 | ④ | |
| | 差引原材料費（③－④） | ⑤ | |
| 労務費 | | ⑥ | |
| その他の製造経費 | 外注工賃 | ⑦ | |
| | 電力費 | ⑧ | |
| | 水道光熱費 | ⑨ | |
| | 修繕費 | ⑩ | |
| | 減価償却費 | ⑪ | |
| | | ⑫ | |
| | | ⑬ | |
| | | ⑭ | |
| | | ⑮ | |
| | | ⑯ | |
| | | ⑰ | |
| | | ⑱ | |
| | | ⑲ | |
| | 雑費 | ⑳ | |
| | 計 | ㉑ | |
| 総製造費（⑤＋⑥＋㉑） | | ㉒ | |
| 期首半製品・仕掛品棚卸高 | | ㉓ | |
| 小計（㉒＋㉓） | | ㉔ | |
| 期末半製品・仕掛品棚卸高 | | ㉕ | |
| 製品製造原価（㉔－㉕） | | ㉖ | |

(注) ㉖欄の金額は、1ページの「損益計算書」の③欄に移記してください。

32

# 消費税の試算



## 消費税の経理処理

消費税の免税事業者は、消費税の経理処理は税込処理で行いますが、課税事業者は税込処理と税抜処理を選択することができます。

税込処理とは、決算書の数字を消費税込みの金額で処理することです。決算時に消費税の納税額を計算しますが、確定消費税は租税公課で経費処理することになります。租税公課の消費税は、その年分で未払計上するか、翌年に計上するかは任意です。

税抜処理とは、決算書の数字を消費税抜きの金額で処理することです。取引から除いた消費税分を仮払消費税および仮受消費税として貸借対照表に計上しますが、決算では両科目を清算します。

ちなみに、どちらの経理処理を選択しても損益は変わりません。

例えば220円（内消費税20円）で仕入れた商品を、330円（内消費税30円）で販売したとしましょう。税込処理では、売上330円、仕入220円、租税公課30円－20円＝10円となりますので、利益は100円です。一方、税抜処理では、売上300円、仕入200円となりますので、利益は同じく100円となります。

法人の決算書では、注記表で消費税の処理方法を確認することができます。個人事業では注記表がありませんので、損益計算書の租税公課で確認するしかないでしょう。

●図表1－69　消費税の税込処理

| | 借　方 | 貸　方 |
|---|---|---|
| 売　上 | 売掛金　330 | 売　上　330 |
| 仕　入 | 仕　入　220 | 買掛金　220 |
| 決　算 | 租税公課　10 | 未払消費税　10 |

損益計算書

| | |
|---|---|
| 売　上 | 330 |
| 仕　入 | 220 |
| 租税公課 | 10 |
| 利　益 | 100 |

貸借対照表

| | |
|---|---|
| 売掛金　330 | 買掛金　220<br>未払消費税　10 |

●図表1－70　消費税の税抜処理

| | 借　方 | 貸　方 |
|---|---|---|
| 売　上 | 売掛金　330 | 売　上　300 |
| | | 仮受消費税　30 |
| 仕　入 | 仕　入　200 | 買掛金　220 |
| | 仮払消費税　20 | |
| 決　算 | 仮受消費税　30 | 仮払消費税　20 |
| | | 未払消費税　10 |

損益計算書

| | |
|---|---|
| 売　上 | 300 |
| 仕　入 | 200 |
| 利　益 | 100 |

貸借対照表

| | |
|---|---|
| 売掛金　330<br>~~仮払消費税　20~~ | 買掛金　220<br>~~仮受消費税　30~~<br>未払消費税　10 |

## 消費税の試算

消費税納税額の試算は、前期の確定消費税を参考にするか、期中の試算表の仮払消費税と仮受消費税の差額を年換算して参考にするとよいでしょう。

滞納税額で最も多いのは消費税です。業績が赤字でも、預かっている消費税ですので納税義務が生じます。業績が悪いところほど、預かっている消費税は資金繰りに回ってしまいますので、滞納が増えることも不思議ではありません。毎月、積立てをして納税に備えるべきでしょう。

# 33 電子帳簿保存法

## 2024年１月からの実施

2024年１月から、帳簿書類等を電子的に保存する際の手続きなどが見直され施行されています。電子データによる保存は、①電子帳簿・電子書類保存、②スキャナ保存、③電子取引の区分に分かれています。①と②については法律上任意ですが、③電子取引は法律上強制なので、すべての事業者にきちんとした対応が求められます。対応しないと青色申告の承認が取り消されてしまう可能性があります。

## 電子帳簿・電子書類保存

帳簿については、電子保存のための税務署長の事前承認制度が廃止されました。データのみを保存して紙に印刷していない帳簿は、「その他の電子帳簿」（「優良以外の帳簿」）として認められることになります。

さらに、帳簿の訂正・削除履歴が必要などの厳しいシステム要件を備えると「優良な電子帳簿」となり、事前に税務署に届出をすることで、申告漏れがあった場合に課される過少申告加算税が10%から5%に軽減されます。

## スキャナ保存

紙の領収書等を電子データに変換する「スキャナ保存」でも、税務署長の事前承認制度が廃止されました。

スキャナ保存には、原則、約70日以内のタイムスタンプ付与が必要です。

タイムスタンプとは、その時刻に電子データが存在していたこと、その時刻以降に改ざんされていないことを証明するもので、認定されたタイムスタンプ事業者により発行されます。

ただし、訂正や削除履歴の残るクラウドシステム上に、約70日以内に保存するときは、タイムスタンプ自体が不要となります。

## ▶▶ 電子取引

電子取引とは、請求書や領収書などの取引情報を電子データでやり取りすることで、具体的にはメールの添付ファイルで送付する請求書等やＥＣサイトからダウンロードできる領収書等になります。

また、電子データの保存は、検索などの要件を満たし、訂正・削除履歴が残る専用ソフトを使用する必要があります。

## ▶▶ 電子取引　中小企業の対応

電子データの保存に専用ソフトを使わない場合には、次の対応が考えられます。

①保存する請求書データ（PDF）のファイル名を、「取引年月日、取引先名、取引金額」にして、いずれでも検索できるようにする（検索機能の確保）。

例）2024年11月23日に（株）Ａ商事から110,000円の請求書データを、電子メールで受領した場合

→PDFのファイル名を「20241123_（株）Ａ商事_110,000」で保存

②①のPDFを「取引先」や「各月」などの任意フォルダに保存する。

③「電子取引データの訂正及び削除の防止に関する事務処理規程」を作成する（真実性の確保）。

ただし、税務調査時に請求書等データのダウンロード要求に応じる場合で、基準期間（電子取引が行われた年の前々年１月１日～12月31日）の売上高が5,000万円以下の事業者および、出力画面または提出の求めに応

じることができる事業者は、①の検索機能の確保要件が免除されます。

●図表1－71　事務処理規程（例）

（個人事業者の例）

電子取引データの訂正及び削除の防止に関する事務処理規程

この規程は、電子計算機を使用して作成する国税関係帳簿書類の保存方法の特例に関する法律第7条に定められた電子取引の取引情報に係る電磁的記録の保存義務を適正に履行するために必要な事項を定め、これに基づき保存することとする。

（訂正削除の原則禁止）
保存する取引関係情報の内容について、訂正及び削除をすることは原則禁止とする。

（訂正削除を行う場合）
業務処理上やむを得ない理由（正当な理由がある場合に限る。）によって保存する取引関係情報を訂正又は削除する場合は、「取引情報訂正・削除申請書」に以下の内容を記載の上、事後に訂正・削除履歴の確認作業が行えるよう整然とした形で、当該取引関係情報の保存期間に合わせて保存することをもって当該取引情報の訂正及び削除を行う。
一　申請日
二　取引伝票番号
三　取引件名
四　取引先名
五　訂正・削除日付
六　訂正・削除内容
七　訂正・削除理由
八　処理担当者名

この規程は、○年　○月　○日から施行する。

## 新たな猶予措置

2024年１月からは、「電子取引保存への移行ができなかったと税務署が認める相当の理由（資金繰りや人手不足等）がある」かつ、「税務調査時に、電子取引データのダウンロードの要請およびその電子取引データをプリントアウトした書面の提示・提出の求めにそれぞれ応じることができる状態である」という２つの要件を満たす事業者については、改ざん防止や検索機能などの要件は不要になります。



### コラム

漢字の中でお金や財産のことを表す「財」「貯」などに「貝」の文字が多く含まれています。これは、古代の中国で、似たような形で、劣化せず長期保存できるものとして貝殻がお金の代わりに使われていたことに由来します。

「資本金」「負債」「買掛金」「費用」「家賃」「貸借対照表」などの会計用語にも「貝」が多く含まれています。

# 第2章

# 所得税の確定申告書

1

# 税金は50種類

## 税金は50種類

日本の税金は、所得税、復興特別所得税、法人税、相続税、贈与税、県民税……約50種類あります。世界的にみても税金の種類の多い国です。

35年ほど前までは犬の飼い主に課せられる犬税なるものまで存在していました。近年でも大阪の泉佐野市が、ふん放置対策のため犬税の導入を検討していましたが、断念しています。

税金の種類は約50種類ですが、大きく分類すると３つに分けることができます。１つ目は、儲けに対して課される税金です。所得税、法人税、事業税などです。２つ目は、資産に対して課される税金です。相続税や贈与税、固定資産税などです。３つ目は、モノやサービスの消費に対して課される税金で、消費税です。消費税は間接税という性格もあります。間接税とは、消費者が直接税務署に税金を納付するわけでなく、事業主が消費者から消費税を預かって、間接的に納付する税金のことをいいます。コンビニエンスストアでジュースを買ったからといって、その消費税を税務署に行って納付はしないはずです。その消費税はコンビニエンスストアの事業主が税務署に納めることになります。所得に関係なく商品価格に対して同じ金額を納める消費税、儲けに対して同じ率を納める法人税、土地・建物を所有している特定の人が納める固定資産税、所得が高い人ほど担税力に応じて高い税率を納める所得税。約50種類の税金で課税の公平を図ろうとしています。

●図表２－１　税金の種類

| | |
|---|---|
| 儲けに対して課税 | 所得税、法人税、事業税など |
| 資産に対して課税 | 相続税、固定資産税など |
| 消費に対して課税 | 消費税など |



## 租税収入の内訳

国の租税収入の内訳でいくと、約半分を所得税や法人税が占めています。消費税は約30%、相続税に至っては約４%です。国としては、比較的、景気に左右されにくい安定した消費税の収入を増やしたいと考えています。諸外国の高い消費税率も後押しとなります。

意外に歳入割合が低いのは相続税です。消費税は赤ちゃんから老人まで幅広く課税されますが、相続税が課税されるのは2015年の改正後で被相続人数（死亡者数）のうち約９%です。

# 2

# 所得は10種類

## 所得は10種類

所得税は、個人の１月から12月までの儲けに対して課税する税金です。税法には課税の公平という大義名分がありますので、所得を10種類に分類しています。例えば、満期保険金のような偶発的な所得と毎年継続する事業所得では、税金を支払う能力が異なりますので、公平になるように所得の種類ごとに計算方法を変えています。

●図表２－２　所得の種類と所得金額の計算

| | |
|---|---|
| 利　子 | 預貯金や公社債の利子など<br>**収入金額** |
| 配　当 | 株式の配当、証券投資信託の収益の分配など<br>**収入金額－負債利子** |
| 不動産 | 家賃や地代収入など<br>**収入金額－必要経費** |
| 事　業 | 事業から生じる所得<br>**収入金額－必要経費** |
| 給　与 | 給与、賞与など<br>**収入金額－給与所得控除** |
| 退　職 | 退職金など<br>**(収入金額 －退職所得控除) × $\frac{1}{2}$** |
| 山　林 | 木を売った所得など<br>**収入金額－必要経費－50万円** |
| 譲　渡 | 土地・建物・株式などを譲渡した場合<br>**収入金額－取得費－譲渡費用－特別控除額** |
| 一　時 | 満期生命保険金の受取りなど<br>**収入金額 －収入を得るために支出した金額－50万円** |
| 雑 | 公的年金や他に分類できない所得<br>**❶ 年金収入－公的年金等控除額　❷ 年金以外の収入金額－必要経費　❶と❷の合計** |

# 3 所得税の基本



## 総合課税と分離課税

各種の所得を合算して、最終的には超過累進税率を乗じます。所得が高ければ高くなるほど、税率も高くなるものを超過累進税率といい、所得を合算して超過累進税率を乗じる課税方法を総合課税といいます。

一方、利子所得、退職所得、山林所得、土地・建物等の譲渡所得は、他の所得と合算せずに分離して、それぞれ一定の税率を乗じます。これらの所得は毎年発生する所得ではないことが多いので、他の所得と合算せずに分離することとなっています。これを分離課税といいます。

総合課税で合算する場合、長期の譲渡所得と一時所得は1/2にして合算します。また、不動産所得、事業所得、山林所得、土地・建物・株式等以外の譲渡所得で生じた赤字は、他の所得と相殺することができます。このことを損益通算といいます。

●図表２－３　総合課税と分離課税

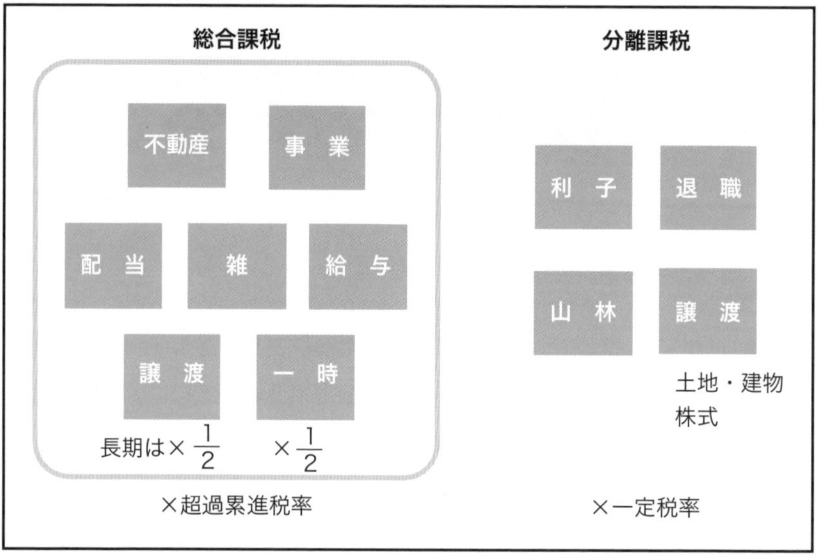


## 所得控除と税額控除

これらの所得から、扶養控除などの個人の各種事情を考慮した所得控除を差し引いて、超過累進税率や一定税率を乗じます。

最後に住宅ローン控除などの税額控除を、税額からダイレクトに控除して、申告納税額を算出します。

●図表2－4　所得税額計算の流れ

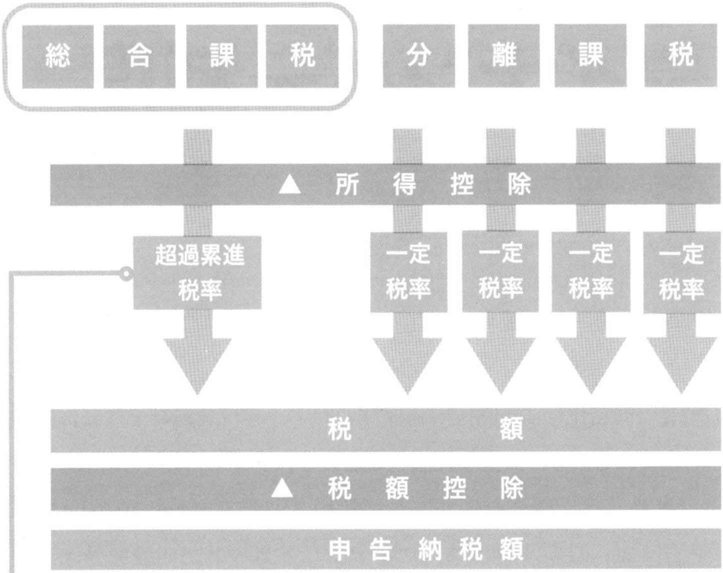


（2015年分以降）

| 課税される所得金額 | 税率 | 控除額 |
|---|---|---|
| 195万円以下 | 5% | ― |
| 195万円超　330万円以下 | 10% | 97,500円 |
| 330万円超　695万円以下 | 20% | 427,500円 |
| 695万円超　900万円以下 | 23% | 636,000円 |
| 900万円超　1,800万円以下 | 33% | 1,536,000円 |
| 1,800万円超　4,000万円以下 | 40% | 2,796,000円 |
| 4,000万円超 | 45% | 4,796,000円 |

# 4

# マイナンバー制度

## マイナンバー制度の概要

2015年から住民票を有するすべての人に、１人１つのマイナンバー（個人番号）が通知されました。「マイナンバー制度」は、①行政の業務効率化、②行政手続きの簡素化による国民の利便性の向上、③税金逃れや社会保障の不正受給の防止による公平・公正な社会実現というメリットが期待されています。

顔写真付きの「本人確認書類」として活用されてきましたが、2020年は「特例定額給付金」の受け取りで、マイナンバーカードの便益を受ける場面も増えました。確定申告ではマイナポータル連携によるデータ取得で、生命保険料控除や医療費関係、ふるさと納税などの情報が取得できるようになりました。また、現在は、健康保険証として利用できますが、2025年からは運転免許証としても利用できる予定です。各種証明書の発行についてもコンビニエンスストア交付サービスを提供している市町村であれば、マイナンバーカードで住民票や印鑑登録証明書、戸籍証明書などをコンビニエンスストアのマルチコピー機で簡単に取得できます。

一方、デメリットとしては、個人情報漏洩の可能性とプライバシーの問題があります。個人情報を一元管理しますので、国は特定の人物の情報を簡単に確認できるようになります。

日本の番号制度は約半世紀前から検討されていましたが、プライバシー保護の観点から導入は見送られてきました。しかし、2007年に発覚した「消えた年金問題」をきっかけに、戦後最大の制度改革といわれる「マイナンバー制度」の導入が急速に進むこととなりました。

一方、法人番号はマイナンバーと異なり自由に利用できますので、国税庁法人番号公表サイトで、商号、本店所在地、法人番号が公表されています。

## マイナンバー制度と確定申告



マイナンバー制度の導入により、確定申告書等にマイナンバーの記載と、提出の際には、本人確認書類の提示または写しの添付が必要となりました。

マイナンバーの記載については、確定申告書の第１表に個人事業主本人のマイナンバーを記載し、第２表には必要に応じて配偶者や扶養親族、事業専従者のマイナンバーを記載します。

本人確認書類については、マイナンバーカード(個人番号カード)だけで、本人確認が可能です。マイナンバーカードを作成していない個人事業主は、マイナンバーの通知カードと運転免許証等などの身元確認書類が必要になります。

提出の際に、本人確認書類を提示するか、または、その写しを「本人確認書類（写し）添付台紙」に貼って、確定申告書等と一緒に提出することになります。

また、パソコンからe-Taxで送信（電子申告）すれば、提出の際の本人確認書類の提示または写しの添付は不要となります。

## ID・パスワード方式

マイナンバーカードとICカードリーダライタがない場合でも、税務署で、ID・パスワードを発行してもらえば、電子申告することができます。

2020年分の確定申告より青色申告特別控除額が65万円から55万円に減額されましたが、電子申告を行えば従来どおりの65万円控除を受けることができます。

## マイナンバー対応

社内でマイナンバーを取り扱う場合は、個人情報を取り扱う管理者以外がマイナンバーを取り扱うことがないように、管理者を明確にし、次の３つのステップを踏まえた社内ルールを整備します。

## マイナンバー対応の流れ

**step❶ 収集**

マイナンバーを取り扱うときには、源泉徴収票に記載が必要など利用目的を伝える

他人のなりすまし等を防止するため、マイナンバーと運転免許証等で身元確認を行う

**step❷ 保管**

保管場所は鍵付きの棚、取り扱う場所は座席の配置変更などによって、マイナンバー管理者以外が見ることができないようにする

マイナンバーをパソコンで管理する場合は、ウイルス対策ソフトの導入やアクセスパスワードを設定する

**step❸ 廃棄**

マイナンバーが記載された税や社会保障関係の書類は、法定保存期間を過ぎたらシュレッダーなどで廃棄が必要となる

# 5 申告書第1表の仕組み



## 申告書第１表の左半分

所得税の基本を理解したところで、実際に確定申告書を見てみましょう。

申告書第１表の左半分は、上から各所得金額の収入金額等、所得金額、所得から差し引かれる金額（所得控除額）の順番で記載し、土地、建物や有価証券の譲渡所得などの分離課税の所得は申告書第３表を使用します。申告書第１表を見れば、分離課税や申告不要以外のほとんどの所得を確認することができます。会社員でも大地主であれば、給与所得以外に多額の不動産所得を計上していることでしょう。

申告書第１表の右半分は、総所得金額から所得控除額を差し引いて課税総所得金額を計算します。それから課税総所得金額に超過累進税率を乗じて、配当控除額や住宅ローン控除などの税額控除を控除して所得税を算出します。

課税総所得金額はその１割程度が住民税となりますし、70歳以上の医療費の窓口負担の割合にも影響します。

●図表２－５　申告書第１表の左半分

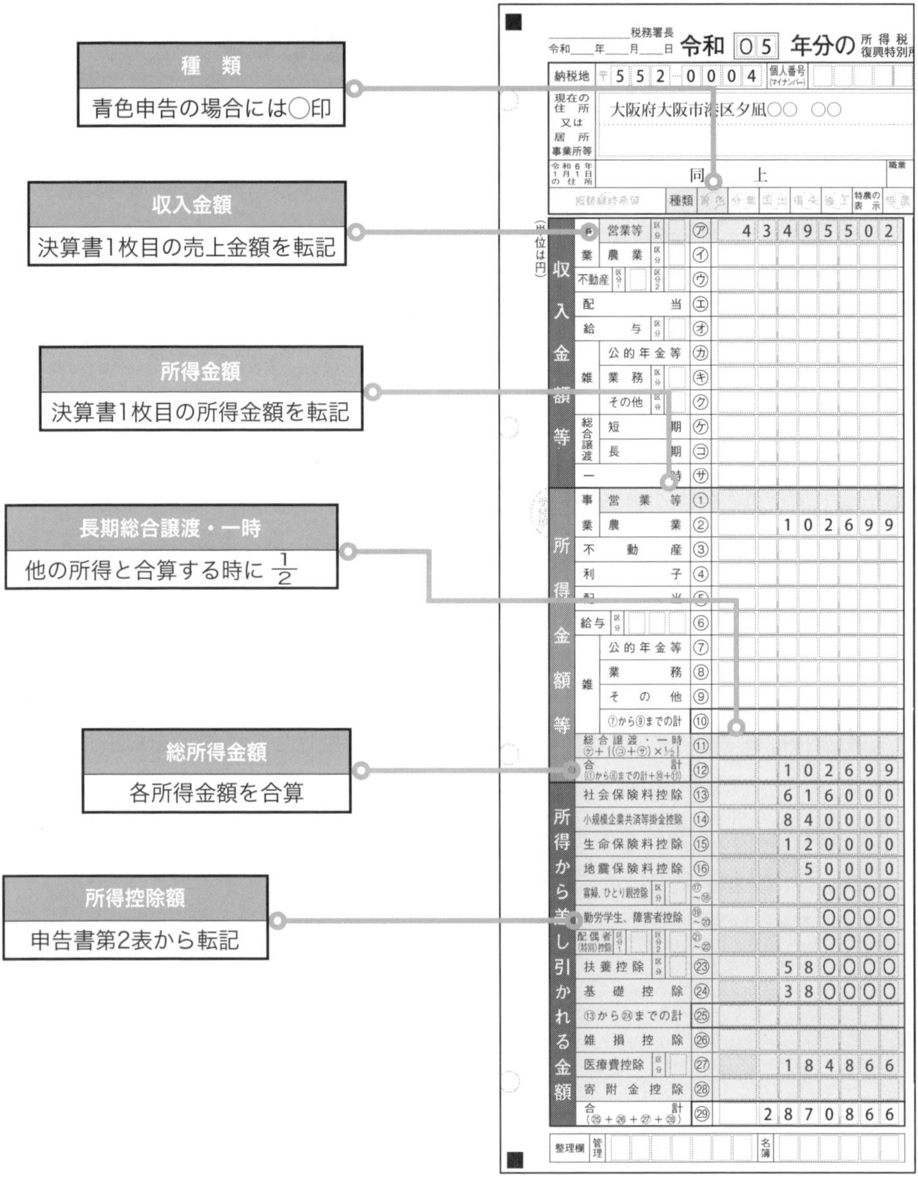

## 申告書第1表の右半分

申告書第1表の右半分は、税額控除を含む税金の計算、情報項目であるその他、延納の届出と続きます。

●図表2－6　申告書第1表の右半分

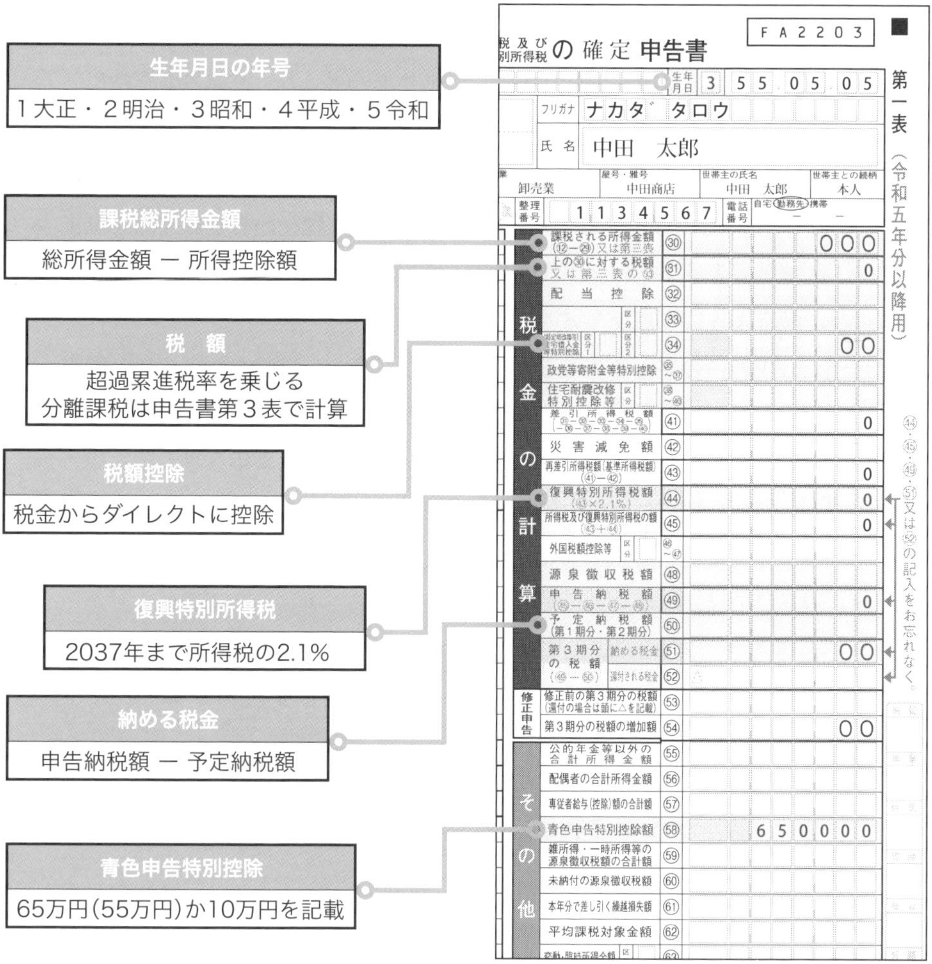

# 6 ふるさと納税

## ふるさと納税とは

近年、マスコミや雑誌でとりあげられることが多くなったふるさと納税とはどのようなものでしょうか。

ふるさと納税とは、地方自治体への寄附のことをいいます。寄附のうち2,000円を超える部分については、一定の上限まで税金から全額控除されます。人気納税先はすぐに品切れになるくらい、最近では各自治体がお礼の特産品を競うように内容を充実させてきています。

例えば１万円の寄附をすると、8,000円が税金から控除されるので、実質2,000円の負担で地元特産品を獲得することができます。年内に寄附をすれば、寄附する１万円は先払いとなりますが、8,000円は来年３月の確定申告と来年６月から課される住民税から控除されることになっています。

高額な返礼品見直しの方針に従わない自治体が散見されたため、2019年から返礼品の還元率が３割以下の地場産品とすることに法整備されました。

その一方で、各自治体は、安く調達できているケースが多々ありますので、還元率が３割を上回るお得な家電返礼品も存在します。

## 納税先を選ぶポイント

生まれ故郷でなくてもよく、複数の自治体への寄附が可能です。複数の小口寄附が手間なら、100万円以上の大口寄附を受け付ける自治体もあります。全国津々浦々の魅力的な特産品で選べたり、自治体の寄附金の使い道で選べたり、ランキングで選べたりすることができるふるさと納税ポータルサイトの中には、寄附金額に応じて「Amazonギフト券コード」や「PayPay残高」がもらえるキャンペーンを実施しているサイトも複数ありますので、是非参考にしてください。

特産品がもらえなくても、育ててもらった生まれ故郷に寄附することも忘れないようにしましょう。



## 寄附金の目安

ここでポイントとなるのは、寄附金の目安です。節税という意味では寄附をいくらでもしたらよいというわけではなく、一定の上限があります。その個人事業主の所得によって税金から控除される金額が異なってくるからです。

所得の高い人ほど控除される金額は大きくなりますので、税金から最大限に控除される寄附金の目安金額を計算しましょう。

例えば、課税される所得金額が1,100万円の場合を考えてみましょう。次ページの早見表から計算することができます。早見表の課税される所得金額900万円超1,800万円以下に該当するので、1,100万円 ÷ 29 ＋ 2,000円＝約38万円が寄附金の目安となります。

## 手続きの簡素化

2021年分の確定申告から、申告手続が簡素化されました。以前までは、寄附先ごとの「寄附金の受領書」の添付が必要でしたが、現行では、特定事業者が発行する年間寄附額を記載した「寄附金控除に関する証明書」を1枚添付するだけで済むようになりました。

2023年11月で登録されている特定事業者は、「ふるなび」「さとふる」「ふるさとチョイス」など21社です。

●図表2－7　寄附金の目安（早見表と申告書第1表）

**早見表（総合課税所得のみ）**

| 課税される所得金額 | 寄附金の目安 |
|---|---|
| 195万円以下 | 課税される所得金額÷43＋2,000円 |
| 195万円超　330万円以下 | 課税される所得金額÷40＋2,000円 |
| 330万円超　695万円以下 | 課税される所得金額÷35＋2,000円 |
| 695万円超　900万円以下 | 課税される所得金額÷34＋2,000円 |
| 900万円超　1,800万円以下 | 課税される所得金額÷29＋2,000円 |
| 1,800万円超　4,000万円以下 | 課税される所得金額÷25＋2,000円 |
| 4,000万円超 | 課税される所得金額÷23＋2,000円 |

**申告書第1表**

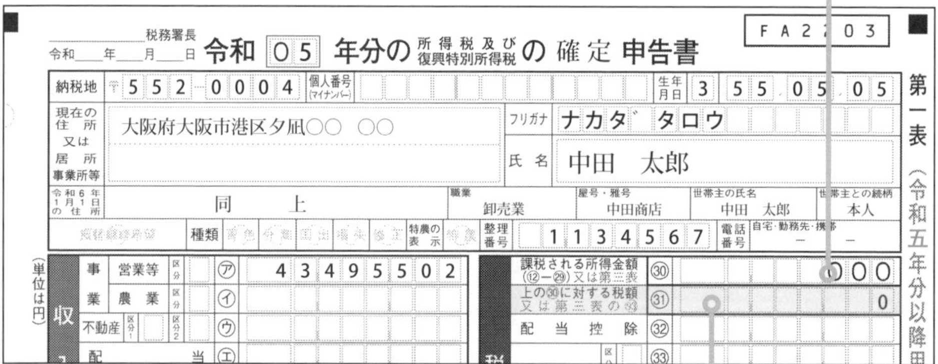


**課税される所得金額**

課税される所得金額から
寄附金の目安を計算しましょう

## ▶▶ 申込みの流れ

**step❶　申込書の取寄せ**

申込書を自治体に電話して取り寄せるか、自治体のホームページからダウンロードをする

**step❷　申込み**

記入した申込書を、郵送やFAX、メールで返送

**step❸　支払い**

基本は金融機関への振込であるが、クレジットカード払いが可能な自治体もある
（注）ふるさと納税のwebサイトを利用するとstep❶～❸をまとめて行うことができ便利

**step❹　証明書の受取り**

支払いをしたら寄附金の受領証が送られてくるので、確定申告まで大切に保管

**step❺　特産品の受取り**

申込みから約２週間で届くことが多い

**step❻　確定申告**

寄附金の受領証を添付して確定申告をする
電子申告なら受領証の内容を入力して送信

# 7 所得税の納付方法

## 振替納税

今年の所得に対する所得税の納付期限は、原則、翌年３月15日です。ただし、預金口座振替依頼書を翌年３月15日までに提出すれば、翌年４月下旬の自動引落しにすることができます。残高不足で振替納税ができない場合は延滞税がかかってしまいますので注意しましょう。

●図表２－８　納付書送付依頼書

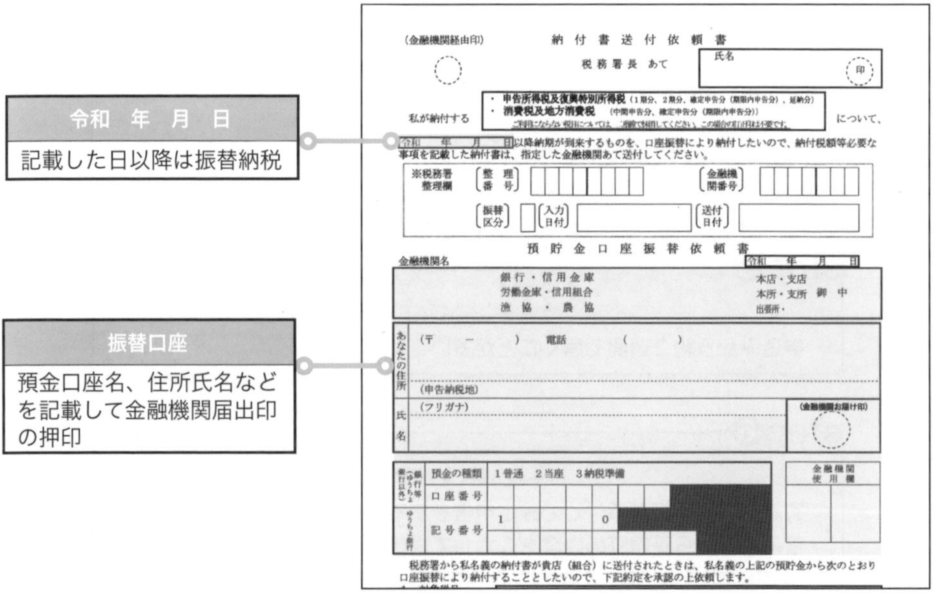

## 延納制度

納付すべき税額の半分以上を、３月15日（振替納税の場合は４月下旬）までに納付すれば、残りの税額は５月31日まで納付期限を延ばすことができます。ただし、延納期間中は年1.1%の利子税が課税されます。所得税の延納は、届出書ではなく、確定申告書に記載することによって適用を受けることができます。

●図表２－９　申告書第１表

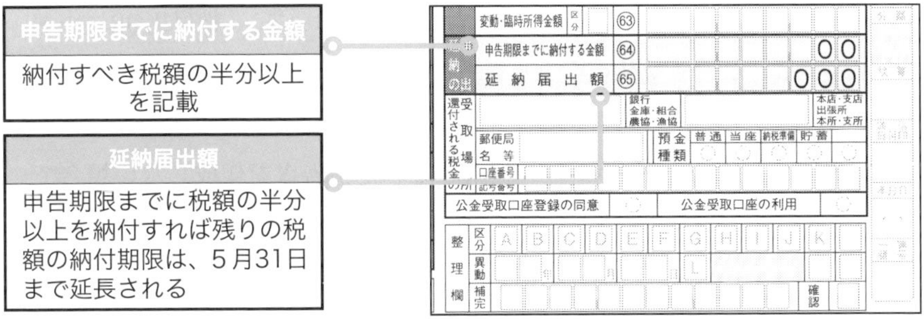


## クレジット納付

2017年から申告所得税や源泉所得税、法人税などについて、クレジットカードでの納付が可能となりました。

メリットとしては、クレジットカードのポイントが付与されることです。クレジットカードによっては、納税額の約１％のマイルに交換できる場合もあります。国税の支払いについてはポイント還元率が低い場合がありますのでカード会社に確認してみましょう。また、資金繰りが厳しいときは分割払いやリボ払いを利用できることもメリットの１つです。カードの利用可能限度額も気になる点ですが、複数枚のカードを利用したり、本人名義以外のカード払いや一部現金納付にして残りをカード決済にする、というパターンも可能です。

デメリットとしては、最初の1万円までは76円（消費税別）、以後1万円を超えるごとに76円（消費税別）が加算される決済手数料がかかることです。

## QRコードによるコンビニ納付

2019年から、QRコードを利用したコンビニエンスストアでの現金納付が可能となりました。

国税庁ホームページの「確定申告書等作成コーナー」を利用して確定申告書を作成する場合、「住所・氏名等入力」画面において、「納付用QRコードを作成する」にチェックすることで、確定申告書と一緒にQRコードを作成することができます。

「確定申告書作成コーナー」を利用して確定申告書を作成しない場合でも、国税庁ホームページの「コンビニ納付用QRコード作成専用画面」から、住所・氏名・納付税目・納付金額等を入力することでQRコードを作成することができます。

コンビニエンスストアのみの取扱いで、納付できる金額は30万円以下となります。

# 8 所得控除は14種類



## 物的控除

所得控除とは、個人的事情を考慮して所得から差し引かれる金額で、14種類あります。所得控除は、生活保障をするための支出などの物的控除と、個人やその家族などの人の事情に着目する人的控除の大きく２つの性格に分けることができます。

14種類もありますので、控除もれがないようにしたいものです。

●図表２－10　物的控除の種類

| | 概　要 | 控除額 |
|---|---|---|
| 雑損控除 | 災害、盗難、横領によって損失を被った場合 | いずれか多いほう<br>❶損失額－総所得金額×10%<br>❷災害関連支出額－５万円 |
| 医療費控除 | 本人や家族の医療費を支払った場合（交通費含む） | いずれか多いほう<br>❶医療費－10万円<br>❷医療費－総所得金額×５% |
| 社会保険料控除 | 国民健康保険料や国民年金などの社会保険料を支払っている場合 | 支払った社会保険料 |
| 小規模企業共済等掛金控除 | 小規模企業共済等掛金を支払った場合 | 支払った掛金 |
| 生命保険料控除 | 生命保険料、介護医療保険料、個人年金保険料を支払った場合 | 上限12万円 |
| 地震保険料控除 | 地震保険料を支払った場合 | 上限５万円 |
| 寄附金控除 | 国や公益法人などに寄附金を支払った場合 | いずれか少ないほう<br>❶寄附金－2,000円<br>❷総所得額×40%－2,000円 |

## 人的控除の種類

| | 概　要 | 控除額 |
|---|---|---|
| ひとり親控除 | 合計所得500万円以下 | 35万円 |
| 寡婦控除 | ①合計所得500万円以下<br>②配偶者と死別・離婚 | 27万円 |
| 勤労学生控除 | 一定の学生で、所得が75万円以下かつ勤労以外の所得が10万円以下である場合 | 27万円 |
| 障害者控除 | 本人や家族が障害者である場合 | 一般障害者　27万円<br>特別障害者　40万円<br>同居特別障害者　75万円 |
| 配偶者控除 | 本人合計所得が1,000万円以下で、配偶者の合計所得が48万円以下である場合 | 70歳未満　38万円～13万円<br>70歳以上　48万円～16万円 |
| 配偶者特別控除 | 本人合計所得が1,000万円以下で、配偶者の合計所得が48万円超133万円以下である場合 | 38万円～1万円 |
| 扶養控除 | 扶養者の合計所得が48万円以下である場合 | 16歳以上　38万円<br>19歳以上23歳未満　63万円<br>70歳以上で非同居　48万円<br>70歳以上で同居　58万円 |
| 基礎控除 | すべての者 | 0～48万円 |

## 基礎控除の引上げ

2020年から基礎控除が38万円から48万円に引き上げられました。改正前は所得に関わらず一率に38万円が控除されていましたが、改正後は合計所得が2,400万円を超えると段階的に控除額が逓減し、合計所得2,500万円超で基礎控除の適用はできないこととなります。

## 医療費控除の特例、提出書類の簡略化

2017年分の確定申告より、「医療費控除の明細書」を提出することにより、５年間の保存要件はありますが、医療費の領収書の提出を省略することができるようになりました。「医療費控除の明細書」には、病院、薬局などの支払先を名称ごとにまとめて記入することになります。

さらに、健康保険組合などから通知される「医療費通知」で、一定の記載要件が満たされているものを添付する場合には、「医療費通知」の合計額を「医療費控除の明細書」に記入するだけでよく、また、医療費の領収書の保存も不要となりました。



## ひとり親控除

2020年分より、婚姻歴の有無による不公平を解消するために未婚のひとり親に対しても寡婦（夫）控除の適用を受けることができるようになりました。また、男性のひとり親と女性のひとり親のいずれも合計所得500万円以下という所得制限などを設けて、両者間の不公平を解消する改正となりました。さらに、「住民票に事実婚であることが明記されている場合を除く」という要件が加わっています。

| | ひとり親控除 | 寡婦控除 | |
|---|---|---|---|
| | 生計一 | 扶養親族 | |
| | 子 | 子以外 | なし |
| 死別 | 35万円 | 27万円 | 27万円 |
| 離婚 | 35万円 | 27万円 | — |
| 未婚 | 35万円 | — | — |

## 配偶者控除、配偶者特別控除

1961年に「配偶者控除」の制度が創設されました。配偶者控除の適用を受けるために、配偶者（例えば妻）がパートとして働く時間を抑えることを、「103万円の壁」として問題視され、長年、改正が検討されてきました。

2018年より、所得控除額38万円の対象となる配偶者の年収の上限103万円（合計所得48万円）が、年収150万円（合計所得95万円）に引き上げられました。

一方、配偶者控除の適用を受ける納税者本人（例えば夫）については、改正前は所得要件がなかったのですが、2018年から納税者本人の所得に応じて、配偶者控除および配偶者特例控除は４段階に分けられることになりました。

●図表２－11　配偶者控除と配偶者特別控除

| | | 納税者本人の合計所得 | | | |
|---|---|---|---|---|---|
| | | 900万円以下 | 950万円以下 | 1,000万円以下 | 1,000万円超 |
| 配偶者控除 70歳以上 | 配偶者の合計所得 48万円以下 | 48万円 | 32万円 | 16万円 | 適用なし |
| 配偶者控除 70歳未満 | 48万円以下 | 38万円 | 26万円 | 13万円 | |
| 配偶者特別控除 | 95万円以下 | 38万円 | 26万円 | 13万円 | |
| | 100万円以下 | 36万円 | 24万円 | 12万円 | |
| | 105万円以下 | 31万円 | 21万円 | 11万円 | |
| | 110万円以下 | 26万円 | 18万円 | 9万円 | |
| | 115万円以下 | 21万円 | 14万円 | 7万円 | |
| | 120万円以下 | 16万円 | 11万円 | 6万円 | |
| | 125万円以下 | 11万円 | 8万円 | 4万円 | |
| | 130万円以下 | 6万円 | 4万円 | 2万円 | |
| | 133万円以下 | 3万円 | 2万円 | 1万円 | |
| | 133万円超 | 適用なし | 適用なし | 適用なし | |

## 2024年度税制改正

賃金上昇が物価高に追いついていないことから、一時的な措置として、（本人＋配偶者を含む扶養親族）× 4 万円（所得税 3 万円、住民税 1 万円）の定額減税が実施されます。個人事業主の所得税は第 1 期分予定納税から、住民税は第 1 期分の納付から、減税額が控除されます。

## 2025年度税制改正で決定見込み

児童手当について、第 3 子以降への増額、高校生まで延長、所得制限が撤廃されることになったため、扶養控除が38万円から25万円に縮小される予定です。また、ひとり親控除については、35万円から38万円に控除額が引き上げられ、所得要件が緩和される予定です。2026年分以降から適用される見込みです。

# 9 申告書第2表の仕組み

## 申告書第２表

申告書第２表は、申告書第１表の内訳となります。

生活状況を考慮した14種類の所得控除の内訳を記載しますので、雑損控除から寄附金控除までの物的控除からは、災害や盗難などによる被害状況、健康状態、社会保険料の納付状況、生命保険や個人年金、介護医療保険、地震保険の加入状況、寄附金の有無などがわかります。

寡婦控除から基礎控除までの人的控除からは、離婚歴や障害の有無、家族構成、配偶者や扶養者の所得などの個人情報がわかります。

申告書第２表の左半分は、源泉所得税の生じる所得内訳、雑所得等の計算に関する事項、住民税・事業税に関する事項が記載されています。右半分は、所得から差し引かれる所得控除、事業専従者に関する事項が記載されています。

●図表２－12　申告書第２表

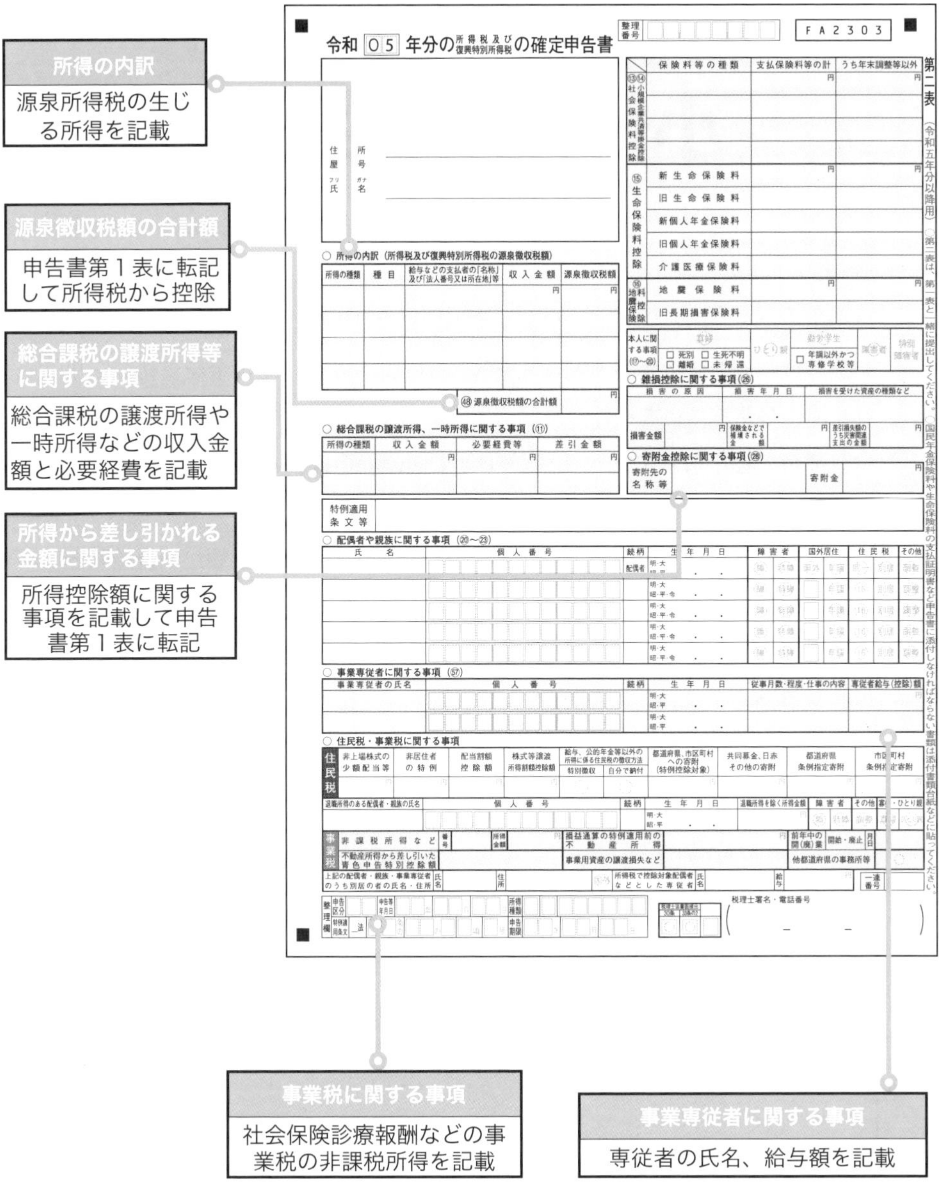
令和 05 年分の所得税及び復興特別所得税の確定申告書
第二表
所得の内訳
源泉所得税の生じる所得を記載
源泉徴収税額の合計額
申告書第１表に転記して所得税から控除
総合課税の譲渡所得等に関する事項
総合課税の譲渡所得や一時所得などの収入金額と必要経費を記載
所得から差し引かれる金額に関する事項
所得控除額に関する事項を記載して申告書第１表に転記
事業税に関する事項
社会保険診療報酬などの事業税の非課税所得を記載
事業専従者に関する事項
専従者の氏名、給与額を記載

# 10 節税効果が大きい小規模企業共済

## 小規模企業共済の概要

小規模企業共済とは、個人事業主や小規模会社の役員のために国がつくった退職金制度です。毎月1,000円から７万円までの範囲で掛金を支払い、事業を廃止したり役員を退任した場合に共済金や解約手当金が支払われます。自己都合の途中解約で加入期間が20年未満の場合は、元本割れとなってしまいますので注意しましょう。

小規模企業共済は節税の定番です。掛金の支払金額は、全額が所得控除となるため掛金の税率分は節税となりますので、貯蓄しながら節税ができます。また受給する時も、共済金や解約手当金は退職金や公的年金として取り扱われるため、課税上、優遇されています。支払うときも、受け取るときも、節税効果が大きい共済制度です。

●図表２－13　小規模企業共済の概要

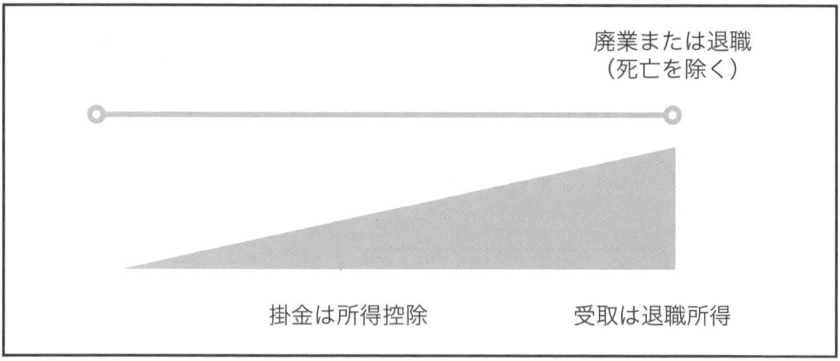

## 小規模企業共済に加入できる人

小規模企業に対する制度なので、加入時の従業員が20人以下（商業とサービス業では５人以下）である個人事業主と会社役員が対象となっています。加入後、従業員が増加しても契約は継続できます。

また、アパート経営を兼業する会社員は、メインは会社の仕事ですので、加入資格はありません。

## 小規模企業共済の確認

まずは、小規模企業共済に加入しているかを確認してみましょう。申告書第１表と申告書第２表で確認できます。

●図表２－14　小規模企業共済

**申告書第１表**

|  |  |  |  |
|---|---|---|---|
| | 合計（①から⑥までの計＋⑩＋⑪） | ⑫ | 102699 |
| 所得から差し引かれる金額 | 社会保険料控除 | ⑬ | 616000 |
| | 小規模企業共済等掛金控除 | ⑭ | 840000 |
| | 生命保険料控除 | ⑮ | 120000 |
| | 地震保険料控除 | ⑯ | 50000 |
| | 寡婦、ひとり親控除　区分 | ⑰～⑱ | 0000 |
| | 勤労学生、障害者控除 | ⑲～⑳ | 0000 |
| | 配偶者（特別）控除　区分1　区分2 | ㉑～㉒ | 0000 |
| | 扶養控除　区分 | ㉓ | 580000 |
| | 基礎控除 | ㉔ | 480000 |
| | ⑬から㉔までの計 | ㉕ | |
| | 雑損控除 | ㉖ | |
| | 医療費控除　区分 | ㉗ | 184866 |
| | 寄附金控除 | ㉘ | |
| | 合計（㉕＋㉖＋㉗＋㉘） | ㉙ | 2870866 |

整理欄　管理　名簿

**申告書第２表**

整理番号　1134567　　FA2303

| | 保険料等の種類 | 支払保険料等の計 | うち年末調整等以外 |
|---|---|---|---|
| ⑬⑭ 社会保険料控除 小規模企業共済等掛金控除 | 国民年金 | 183,000円 | 183,000円 |
| | 国民健康保険 | 250,000 | 250,000 |
| | 小規模企業共済掛金 | 600,000 | 600,000 |
| | 個人・企業型年金掛金 | 240,000 | 240,000 |
| ⑮ 生命保険料控除 | 新生命保険料 | 円 | 円 |
| | 旧生命保険料 | 120,000 | 120,000 |
| | 新個人年金保険料 | | |
| | 旧個人年金保険料 | 120,000 | 120,000 |
| | 介護医療保険料 | 60,000 | 60,000 |
| ⑯ 地震保険料控除 | 地震保険料 | 50,000円 | 50,000円 |
| | 旧長期損害保険料 | | |

## ▶▶ 掛金は所得控除

掛金は全額所得控除になりますので、所得税と住民税の税率分が節税となります。課税される所得金額は申告書第１表で確認できますので、それをもとに節税額を確認してみましょう。

●図表２−15　課税される所得金額

**申告書第１表**

令和＿年＿月＿日　＿＿税務署長

令和 05 年分の 所得税及び復興特別所得税 の 確定 申告書

FA2203

納税地 〒552-0004　個人番号（マイナンバー）　生年月日 3 55.05.05

現在の住所又は居所事業所等　大阪府大阪市港区夕凪○○　○○

フリガナ　ナカダ　タロウ

氏名　中田　太郎

令和６年１月１日の住所　同　上

職業　卸売業　屋号・雅号　中田商店　世帯主の氏名　中田　太郎　世帯主との続柄　本人

整理番号　1134567　電話番号　自宅・勤務先・携帯　−　−

（単位は円）

収入金額等　事業　営業等　㋐　43495502

農業　㋑

不動産　㋒

課税される所得金額（⑫−㉙）又は第三表　㉚　000

上の㉚に対する税額又は第三表の㊱　㉛　0

配当控除　㉜

第一表（令和五年分以降）

●図表２−16　掛金月額１万円の場合

| 課税される所得金額 | 掛金年額 | 節税額 |
|---|---|---|
| 200万円 | 120,000円 | 20,700円 |
| 400万円 | 120,000円 | 36,500円 |
| 600万円 | 120,000円 | 36,500円 |
| 800万円 | 120,000円 | 40,100円 |
| 1,000万円 | 120,000円 | 52,400円 |

例えば、掛金月額が１万円で、課税所得が400万円の場合、所得税と住民税合わせて36,500円の節税となります。年間12万円の掛金ですので、利回りで考えますとノーリスクで約30%となります。掛金月額が７万円の場合は、上記の節税額を７倍すると、概算額が計算できます。

節税額の計算は、中小機構（独立行政法人中小企業基盤整備機構）ホームページの「加入シミュレーション」が便利です。

## 受取りは退職所得

受取事由としてはＡ共済事由、Ｂ共済事由、準共済事由、解約事由の４種類となります。Ａ共済事由が受け取れる金額が一番多く、Ｂ共済事由、準共済事由と順次受け取れる金額が減っていき、解約事由では、元本割れの可能性が高くなります。

●図表２－17　退職所得と一時所得

| | | 個人事業主 |
|---|---|---|
| 退職所得 | A共済事由 | 廃業（死亡含む）または、配偶者や子供に事業承継 |
| 退職所得 | B共済事由 | 65歳以上で、15年以上の掛金支払い |
| 退職所得 | 準共済事由 | 法人成りをして、役員にならなかった場合 |
| 一時所得 | 解約事由<br>※20年未満の掛金支払いであったら元本割れ | 任意解約 |

## 退職所得の計算

生前に解約事由以外で受け取った場合は退職所得となりますし、分割で受け取る場合は公的年金等の雑所得となります。退職所得は長年の勤続の結果ですし老後の生活資金であることから、以下の点で非常に優遇されています。

①大きな退職所得控除額が認められている

●図表２－18　退職所得の計算

| 退職所得 | （退職金 － 退職所得控除額）× $\frac{1}{2}$ |
|---|---|

| 勤続年数 | 退職所得控除額 |
|---|---|
| 20年以下 | 40万円× 勤続年数 |
| 20年超 | 800万円＋70 万円×（勤続年数－20年） |

②最後に２分の１を乗じるので、所得が半分になる

③他の所得と合算せずに退職所得にのみ超過累進税率を乗じるので、税率は低く抑えられる

小規模企業共済の場合、勤続年数は加入期間年数となりますので、加入期間が21年の場合、800万円 ＋ 70万円 ×（21年 － 20年）＝ 870万円が退職所得控除額として共済金から控除できます。

2022年分から、勤続年数５年以下なら退職金から退職所得控除額を差し引いた残額が300万円を超える部分については、２分の１を乗じることができなくなりました。

## 一時所得の計算

生前に、途中解約した場合には、一時所得となります。一時所得は、イレギュラーな所得なので、税金を納める力が小さいという理由から一般的には優遇されています。最大50万円の特別控除額を差し引くことができますし、他の所得と合算しなければいけませんが、特別控除後の金額の半分のみの合算となります。

| 一時所得 | 収入金額－収入を得るために支出した金額－50万円 |
|---|---|

ただし、小規模企業共済の掛金は、収入を得るために支出した金額に該当しませんので、一般的な一時所得に比べ課税対象は大きくなります。解約事由による途中解約は、元本割れリスクと課税リスクが高くなってしまいます。

## 事業資金の借入

2016年４月１日以降は、理由を問わず、掛金の減額ができるようになりました。また、納付した掛金合計額の範囲内（掛金納付月数により掛金の７～９割）で、事業資金の貸付けを受けることができます。

# 11 隠れた投資優遇税制 個人型確定拠出年金(iDeCo)



## 個人型確定拠出年金の概要

個人型DCとも呼ばれていた個人型確定拠出年金ですが、2016年からiDeCo（イデコ）という愛称で呼ばれるようになりました。知名度が低くあまり使われていなかったため、隠れた投資優遇税制ともいえるでしょう。

国民年金に上乗せする国民年金基金は、将来受け取れる年金額が約束されていますが、確定拠出年金は、定期預金・保険・投資信託といった金融商品を自ら選択し運用しますので、将来受け取れる年金額は、自分の運用結果次第となります。

デメリットとしては、60歳（10年以上の通算加入者等期間が必要）まで現金を引き出すことができないことと、投資信託を選択して運用する場合は投資リスクがあることです。余裕資金で運用することをおすすめします。また、毎月定額払いのほか、特定の月にまとめて納付することも可能です。

## 掛金は所得控除

掛金は、小規模企業共済同様に全額が所得控除となりますので、掛金の税率分が節税となります。定期預金で運用して投資リスクを回避したい方でも、節税メリットだけで大きな運用利回りとなります。

ちなみに、保険会社の個人年金保険は、どれだけ保険料を支払っても、上限４万円の所得控除しかありません。

掛金の月額は5,000円から68,000円の間の1,000円単位で自由に決めることができますが、国民年金基金に加入している場合や国民年金の付加保険料を納付している場合は、あわせて月68,000円が上限（個人事業主の場合）となります。

一方、小規模企業共済とは併用できますので、あわせて月138,000円が上限となります。

## ▶▶ 運用中は非課税

預貯金や投資信託の運用中は、利子や配当に対する運用益についても非課税となっています。金融機関によって大きく異なりますが、通常は年に数千円の手数料がかかります。

## ▶▶ 受取りは公的年金等の雑所得

60歳以上になってからの年金受取りも、公的年金等の雑所得として取り扱われますので、税制面で優遇されています。

雑所得とは、他の所得のいずれにも該当しない所得で、計算方法は公的年金等の雑所得とそれ以外の雑所得で異なります。

●図表２－19　公的年金等の雑所得（控除額）

| 公的年金等の雑所得 | 年金収入－公的年金等控除額 |
|---|---|

| 年　齢 | 年金収入 | 公的年金等控除額 |
|---|---|---|
| 65歳未満 | 100万円 | 600,000円 |
| | 300万円 | 1,025,000円 |
| | 500万円 | 1,435,000円 |
| 65歳以上 | 100万円 | 1,000,000円 |
| | 300万円 | 1,100,000円 |
| | 500万円 | 1,435,000円 |

雑所得は、最終的には他の所得と合算して課税されていきます。

年金形式での受取りではなく、一括で受け取る場合は、退職所得となります。

●図表２－20　公的年金等の雑所得（掛金と受取り）

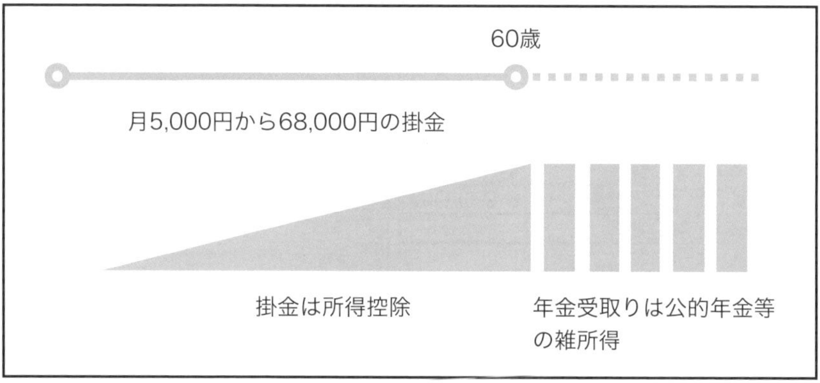


60歳になるまでは、原則引き出せないことがデメリットですが、老後資金を確実に貯めることができるともいえるでしょう。

支払い、運用、受取りのいずれにおいても税制面で優遇されています。

加入できる年齢が2022年５月から５年延長され、60歳～65歳未満の人も国民年金に加入していれば、iDeCoに加入できるようになりました。

また、これまでは60歳～70歳の10年の間に受け取りはじめる仕組みになっていましたが、2022年４月からは、60歳～75歳の間に延長されました。５年増えたため、より長く運用することが可能となりました。

## ▶▶ 個人型確定拠出年金の確認

申告書第１表と申告書第２表で、個人型確定拠出年金の加入状況を確認しましょう。

## ●図表２－21　個人型確定拠出年金

### 申告書第１表

|  |  |  |  |
|---|---|---|---|
| 等 | ①から⑨までの計 | ⑩ | |
| | 総合譲渡・一時 ㋙＋{(㋛＋㋚)×½} | ⑪ | |
| | 合計 (①から⑥までの計＋⑩＋⑪) | ⑫ | 102699 |
| 所得から差し引かれる金額 | 社会保険料控除 | ⑬ | 616000 |
| | 小規模企業共済等掛金控除 | ⑭ | 840000 |
| | 生命保険料控除 | ⑮ | 120000 |
| | 地震保険料控除 | ⑯ | 50000 |
| | 寡婦、ひとり親控除 区分 | ⑰～⑱ | 0000 |
| | 勤労学生、障害者控除 | ⑲～⑳ | 0000 |
| | 配偶者(特別)控除 区分1 区分2 | ㉑～㉒ | 0000 |
| | 扶養控除 区分 | ㉓ | 580000 |
| | 基礎控除 | ㉔ | 380000 |
| | ⑬から㉔までの計 | ㉕ | |
| | 雑損控除 | ㉖ | |
| | 医療費控除 区分 | ㉗ | 184866 |
| | 寄附金控除 | ㉘ | |
| | 合計 (㉕＋㉖＋㉗＋㉘) | ㉙ | 2870866 |

整理欄　管理　名簿

|  |  |  |  |
|---|---|---|---|
| | 合計所得金額 | ㊺ | |
| その他 | 配偶者の合計所得金額 | ㊻ | |
| | 専従者給与(控除)額の合計額 | ㊼ | |
| | 青色申告特別控除額 | ㊽ | 650000 |
| | 雑所得・一時所得等の源泉徴収税額の合計額 | ㊾ | |
| | 未納付の源泉徴収税額 | ㊿ | |
| | 本年分で差し引く繰越損失額 | 61 | |
| | 平均課税対象金額 | 62 | |
| | 変動・臨時所得金額 区分 | 63 | |
| 延届納の出 | 申告期限までに納付する金額 | 64 | 00 |
| | 延納届出額 | 65 | 000 |

還付される税金の受取場所：銀行 金庫・組合 農協・漁協　本店・支店 出張所 本所・支所　郵便局名等　預金種類 普通 当座 納税準備 貯蓄　口座番号 記号番号

公金受取口座登録の同意　公金受取口座の利用

整理欄　区分 A B C D E F G H I J K　異動 年 月 日 L　補完　確認

### 申告書第２表

令和 05 年分の所得税及び復興特別所得税の確定申告書

整理番号 1134567　FA2303

552-0004

住所　大阪府大阪市港区夕凪○○-○○
屋号　中田商店
フリガナ　ナカダ　タロウ
氏名　中田　太郎

○ 所得の内訳（所得税及び復興特別所得税の源泉徴収税額）

| 所得の種類 | 種目 | 給与などの支払者の「名称」及び「法人番号又は所在地」等 | 収入金額 | 源泉徴収税額 |
|---|---|---|---|---|
| | | | 円 | 円 |

| | 保険料等の種類 | 支払保険料等の計 | うち年末調整等以外 |
|---|---|---|---|
| ⑬⑭ 社会保険料控除 小規模企業共済等掛金控除 | 国民年金 | 183,000円 | 183,000円 |
| | 国民健康保険 | 250,000 | 250,000 |
| | 小規模企業共済掛金 | 600,000 | 600,000 |
| | 個人・企業型年金掛金 | 240,000 | 240,000 |
| ⑮ 生命保険料控除 | 新生命保険料 | 円 | 円 |
| | 旧生命保険料 | 120,000 | 120,000 |
| | 新個人年金保険料 | | |
| | 旧個人年金保険料 | 120,000 | 120,000 |
| | 介護医療保険料 | 60,000 | 60,000 |
| ⑯ 地料 | 地震保険料 | 50,000円 | 50,000円 |

第二表（令和五年分以降用）（第二表は、第…

## iDeCo+（イデコプラス）の概要

従業員の老後をより豊かにできる新制度、iDeCo+（イデコプラス）が、2018年５月から施行されました。個人型確定拠出年金（iDeCo）は従業員がそれぞれ個人単位で加入しますが、iDeCo+は従業員のiDeCoに個人事業主が掛金をプラスして拠出できる制度です。

従業員の掛金と個人事業主の掛金の合計額は、月額5,000円以上23,000円以下の範囲で、従業員と個人事業主がそれぞれ1,000円単位で決定できます。従業員の掛金を０円にすることはできませんが、個人事業主の掛金が従業員の掛金を上回ることは可能です。

●図表２－22　iDeCo+の概要

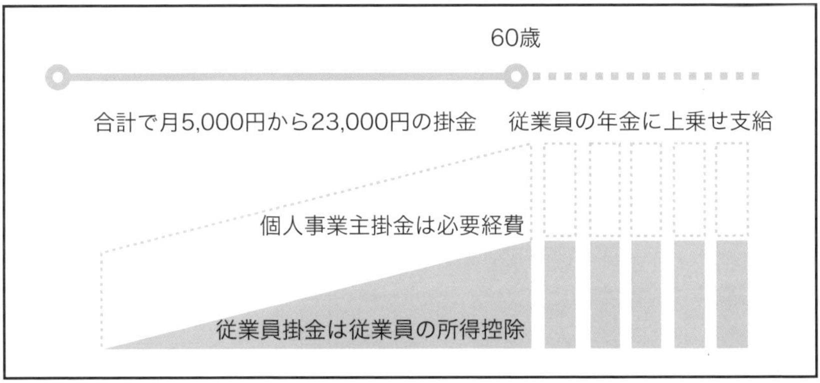


従業員の掛金は、原則、給与から天引きして、個人事業主がまとめて国民年金基金連合会に納付することになります。

## iDeCo+の利回り

iDeCo+の従業員の掛金は、iDeCoと同様に全額が所得控除になります。例えば10万円の掛金を支払うと従業員の所得によってそれぞれ税率は異なりますが、所得税住民税合わせて少なくとも掛金の15%は節税になります。考え方によっては、年額10万円の投資で、最低でも1万5,000円の配当を受け取るようなものです。

## ▶▶ iDeCo+のメリット

個人事業主が従業員の給料を10万円増やす場合と、年額10万円のiDeCo+の掛金を負担する場合を比較してみましょう。個人事業主のほうでは両者とも必要経費となりますので違いはありません。一方、従業員のほうでは給料があがると所得税や住民税、社会保険料が増加しますが、iDeCo+の個人事業主負担分は、従業員が経済的利益を得ているのにも関わらず、税金や社会保険の対象とならないのが大きなメリットといえます。

# 12 保険の提案



## ▶▶ 生命保険料控除

生命保険料控除は、2012年１月１日以後に契約した保険から新制度の対象となります。旧制度は死亡保障や入院保障である「一般生命保険料控除」と個人年金保険の「個人年金保険料控除」の２区分で、それぞれ10万円以上の支払保険料で最高10万円の所得控除でした。新制度は医療保険やガン保険などの「介護医療保険料控除」の区分が追加され３区分となり、各８万円以上の支払保険料で最高12万円の所得控除となっています。

死亡保障にセットで入院保障を付加している場合は、原則として、「一般生命保険料控除」と「介護医療保険料控除」の両方の適用がありますので、保険会社から10月頃に送付される生命保険料控除証明書の介護医療区分を確認して適用もれがないようにしましょう。

## ▶▶ 地震保険料控除

地震保険料控除は、支払保険料５万円超で最高５万円の所得控除を受けることができます。１つの損害保険契約で、地震保険と従来からある旧長期損害保険が含まれている場合があります。旧長期損害保険料の支払20,000円超で最高15,000円の所得控除を受けることができますので、いずれか有利な方を選択しましょう。地震保険の加入率はまだまだ低いようですが、地震大国の我が国においては必須の保険といえるでしょう。

●図表２－23　生命保険料控除と地震保険料控除

**申告書第２表**

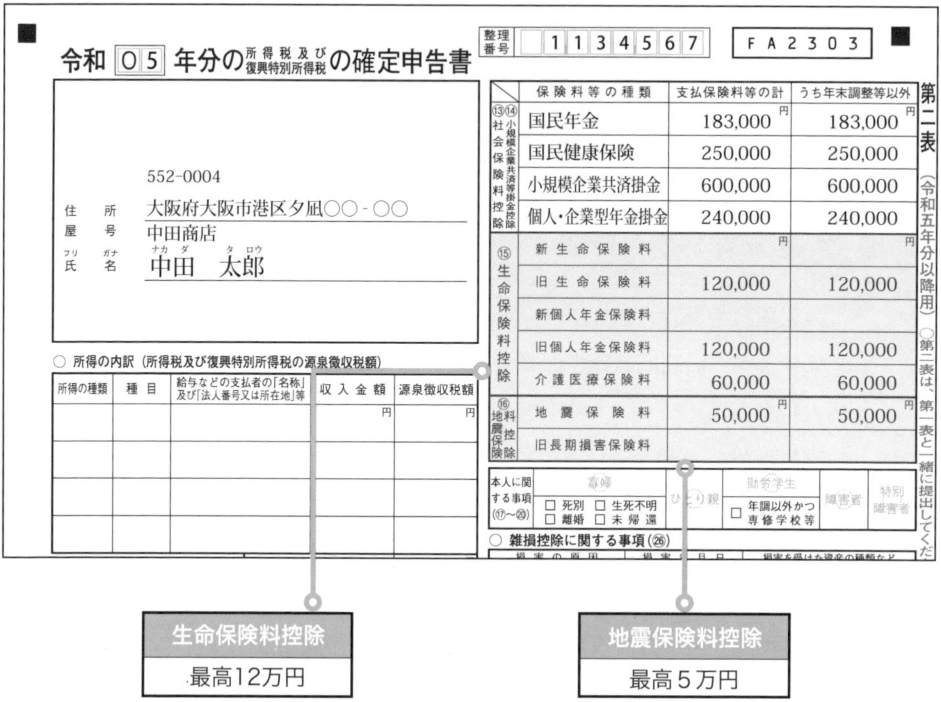

令和 05 年分の 所得税及び復興特別所得税 の確定申告書

整理番号 1134567　　FA2303

552-0004

住所 大阪府大阪市港区夕凪○○-○○

屋号 中田商店

フリガナ ナカダ タロウ

氏名 中田 太郎

○ 所得の内訳（所得税及び復興特別所得税の源泉徴収税額）

| 所得の種類 | 種目 | 給与などの支払者の「名称」及び「法人番号又は所在地」等 | 収入金額 | 源泉徴収税額 |
|---|---|---|---|---|
| | | | 円 | 円 |
| | | | | |
| | | | | |
| | | | | |

| | 保険料等の種類 | 支払保険料等の計 | うち年末調整等以外 |
|---|---|---|---|
| ⑬⑭ 社会保険料控除 小規模企業共済等掛金控除 | 国民年金 | 183,000円 | 183,000円 |
| | 国民健康保険 | 250,000 | 250,000 |
| | 小規模企業共済掛金 | 600,000 | 600,000 |
| | 個人・企業型年金掛金 | 240,000 | 240,000 |
| ⑮ 生命保険料控除 | 新生命保険料 | 円 | 円 |
| | 旧生命保険料 | 120,000 | 120,000 |
| | 新個人年金保険料 | | |
| | 旧個人年金保険料 | 120,000 | 120,000 |
| | 介護医療保険料 | 60,000 | 60,000 |
| ⑯ 地震保険料控除 | 地震保険料 | 50,000円 | 50,000円 |
| | 旧長期損害保険料 | | |

本人に関する事項（⑰～⑳）　寡婦　□ 死別　□ 生死不明　□ 離婚　□ 未帰還　ひとり親　勤労学生　□ 年調以外かつ専修学校等　障害者　特別障害者

○ 雑損控除に関する事項（㉖）

第二表（令和五年分以降用）○第二表は、第一表と一緒に提出してくだ



## ▶▶ 2025年度税制改正で決定見込み

子育て支援税制の一環として、23歳未満の扶養親族がいる場合には、新生命保険料に係る「一般生命保険控除」の適用限度額が４万円から６万円に引き上げられる予定です。ただし、３区分の合計適用限度額は、現行の12万円からは変更されません。

## コラム

金融資産を多くもっている資産家に対しては、一時払い終身保険は相続対策として有効な節税商品です。例えば、将来の相続人が３名いる場合、１名につき500万円 × 法定相続人の数 ３名＝1,500万円の生命保険の非課税枠を使うことができます。現預金1,500万円のままでしたら全額が相続税の課税対象ですが、一時払い終身保険に加入した途端、1,500万円は非課税となります。高齢であればあるほど即効性の高い節税商品といえます。

生命保険会社によっては、90歳まで加入できたり、告知なしで加入できる商品もあります。途中解約する場合は元本割れの可能性があるので注意しましょう。

# 第3章

# 消費税の確定申告書

# 1 免税事業者とは

## 消費税は間接税

増税が続く消費税ですが、国にとっては重要な収入源となっています。景気に左右されやすい所得税や法人税に比べ、実に安定している税金といえます。また、諸外国に比べ消費税率は低いため、今後も税率が上がっていく可能性は高いと考えられます。

消費税とはモノを消費する際にかかる税金です。コンビニエンスストアで消費者がジュースを買うとすると、その消費税を税務署に直接納付するわけではありません。コンビニエンスストアを経営している事業主が消費税を預かって、納付することになります。直接納付するのでなく、事業主を通じて間接的に税務署へ納付しますので間接税といわれています。

## 滞納が多いのが消費税

前述しましたが、事業主の滞納税金で一番多いのが消費税となっています。所得税や法人税は儲けに対して課税されますが、消費税は消費者からの単なる預かり金ですので、当然、赤字が出ていても預かった分は納付しなければなりません。預かった消費税は、納付前に資金繰りで消えていくであろうことは想像に難くありません。前年度に払った消費税を目安に、毎月積み立てて、納税に備えましょう。

## 免税事業者とは

消費税を預かった事業主にすべて納税義務があるわけではありません。単なる預かり金なので納めることは当然なのですが、国は消費税の免税事業者制度を設けています。

今年、免税事業者であるかどうかは、まず前々年の課税売上をチェックします。ちなみに、課税売上とは消費税がかかっている売上のことです。その課税売上が1,000万円以下であれば次のステップに進むことができます。次のステップでは、前年の上半期をチェックします。上半期の課税売上または給与の支払額が1,000万円以下であれば晴れて免税事業者となります。

今年の課税売上がいくら多くても関係ありません。納税義務があるかどうかは、常に前々年と前年の課税売上をみていきます。

開業したての個人事業主は、前々年の課税売上がありませんので、通常は最初の２年間は免税となります。ただし、開業１年目の課税売上が多いと、最初の１年間のみの免税となる場合もあります。

免税事業者となれば、預かった消費税は事業主の儲けとなります。

●図表３－１　免税事業者

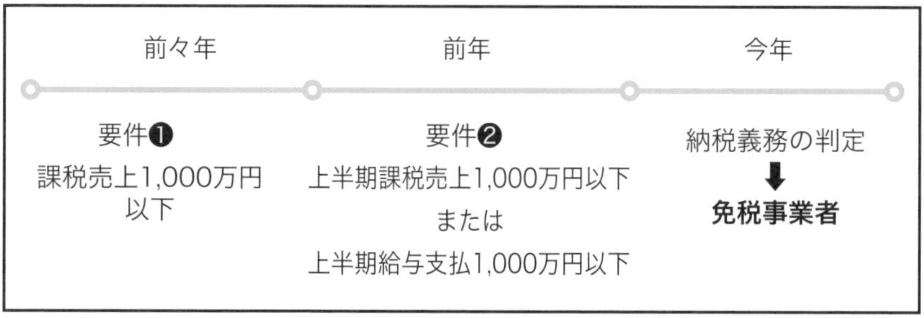

2

# 消費税の基本

## 消費税の原則的な計算方法

個人事業主は、消費者への売上で預かった消費税をそのまま納付するわけではありません。個人事業主も消費税が課税されている仕入や経費を支払っていますので、その支払った消費税を、預かった消費税から差し引いて納付することになります。

消費税が課税されている売上を課税売上、消費税が課税されている仕入や経費、資産の購入費を課税仕入といいます。

| | |
|---|---|
| 原則課税 | 課税売上×10%－課税仕入×10% |

## 消費税が課税されない取引

世の中には、国の政策的配慮や消費という概念になじまないということから、消費税が課税されない取引も多くありますので確認しておきましょう。

経費項目で代表的なものは、租税公課、損害保険料、減価償却費、給料賃金や専従者給与、利子割引料です。個人事業主の実務では少ないかもしれませんが、福利厚生費のうち社会保険料や、地代家賃のうち地代や住宅家賃も消費税が課税されていません。

●図表３－２　消費税が課税されない取引

| | | | |
|---|---|---|---|
| 売　上 | | 修繕費 | |
| 期首末商品 | 消費税なし | 消耗品費 | |
| 仕　入 | | 減価償却費 | 消費税なし |
| 租税公課 | 消費税なし | 福利厚生費 | 社会保険料は消費税なし |
| 荷造運賃 | | 給料賃金 | 消費税なし |
| 水道光熱費 | | 外注工賃 | |
| 旅費交通費 | | 利子割引料 | 消費税なし |
| 通信費 | | 地代家賃 | 地代、住宅家賃は消費税なし |
| 広告宣伝費 | | 貸倒金 | |
| 接待交際費 | 慶弔費は消費税なし | 雑　費 | |
| 損害保険料 | 消費税なし | 専従者給与 | 消費税なし |



## ▶▶ 消費税の総額表示義務

「税抜価格」だと、消費者が実際に支払う金額が不明瞭であることから、2021年４月から総額表示（税込価格の表示）の完全義務化がスタートしました。商品に貼付する値札やメニューなどの不特定多数の消費者に向けた価格表示であれば、総額表示義務の対象です。一方、請求者や契約書など事業者間での取引は、対象外となります。

# 3 手軽な簡易課税

## 消費税の簡易的な計算方法

消費税の原則的な計算方法では、経費の中から消費税が課税されている仕入を判断し、集計することになります。それでは多くの手間がかかってしまいます。そこで、一定の条件はありますが、課税仕入を直接集計するのではなく、課税売上にみなし仕入率を乗じて簡易的に課税仕入を計算する簡易課税方式を選択することができます。

ただし、簡易課税方式を選択すると２年間は変えることができません。高額な資産購入を検討している場合は注意が必要です。課税売上より課税仕入が上回る可能性がでてきますので、原則的な計算方法のように消費税の還付を受けることができなくなってしまいます。

| | |
|---|---|
| 簡易課税 | 課税売上×10%－課税売上×みなし仕入率×10% |

## みなし仕入率

業種によって、みなし仕入率は異なります。

2015年４月１日以降に開始する課税期間（個人事業主は原則2016年分）から第六種事業が新設されました。これによって、不動産業が第五種事業から第六種事業に変更となり、みなし仕入率が見直されました。

●図表３－３　みなし仕入率

| 事業区分 | 業　種 | みなし仕入率 |
|---|---|---|
| 第一種事業 | 卸売業 | 90% |
| 第二種事業 | 小売業 | 80% |
| 第三種事業 | 農業、建設業、製造業など | 70% |
| 第四種事業 | 飲食業など | 60% |
| 第五種事業 | サービス業など | 50% |
| 第六種事業 | 不動産業 | 40% |

## 一定の条件

簡易課税方式の適用を受けるには、一定の条件があります。１つ目は前々年の課税売上が5,000万円以下であること、２つ目は受けようとする年の前年までに簡易課税方式の選択届出書を税務署に提出していることです。

●図表３－４　簡易課税方式を受ける条件

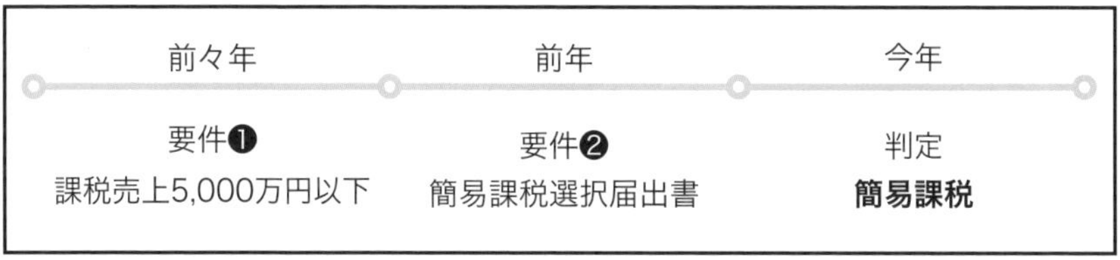

# 4 消費税申告書の仕組み

## 原則課税（本則課税）

消費税の申告書を実際に見てみましょう。

法人も個人事業主も同じ様式の申告書を使用します。消費税10％（軽減税率８％）の内訳は、国税である消費税が7.8％（軽減税率6.24％）、地方消費税が2.2％（軽減税率1.76％）となります。まず申告書の上半分で国税である消費税部分を計算し、申告書の下半分で国税である消費税に78分の22を乗じて地方消費税部分の計算をします。

消費税の計算方法は、原則課税と簡易課税の２種類あります。申告書の欄外の右端を見てみましょう。一般用となっていたら原則課税となりますし、簡易課税用となっていたら簡易課税を選択していることになります。

消費税の課税期間は通常１年間ですので、申告書には１月１日から12月31日と記載しますが、課税期間を３ヵ月または１ヵ月に短縮することができます。

輸出業者は、売上が輸出免税となるため消費税の還付を受けますので、課税期間を短縮することにより、還付を早期に受けることができ資金繰りを改善することができます。

また、消費税の各届出書の提出もれを補うために、課税期間を短縮する場合もあります。

●図表3－5　消費税の申告書（原則課税）

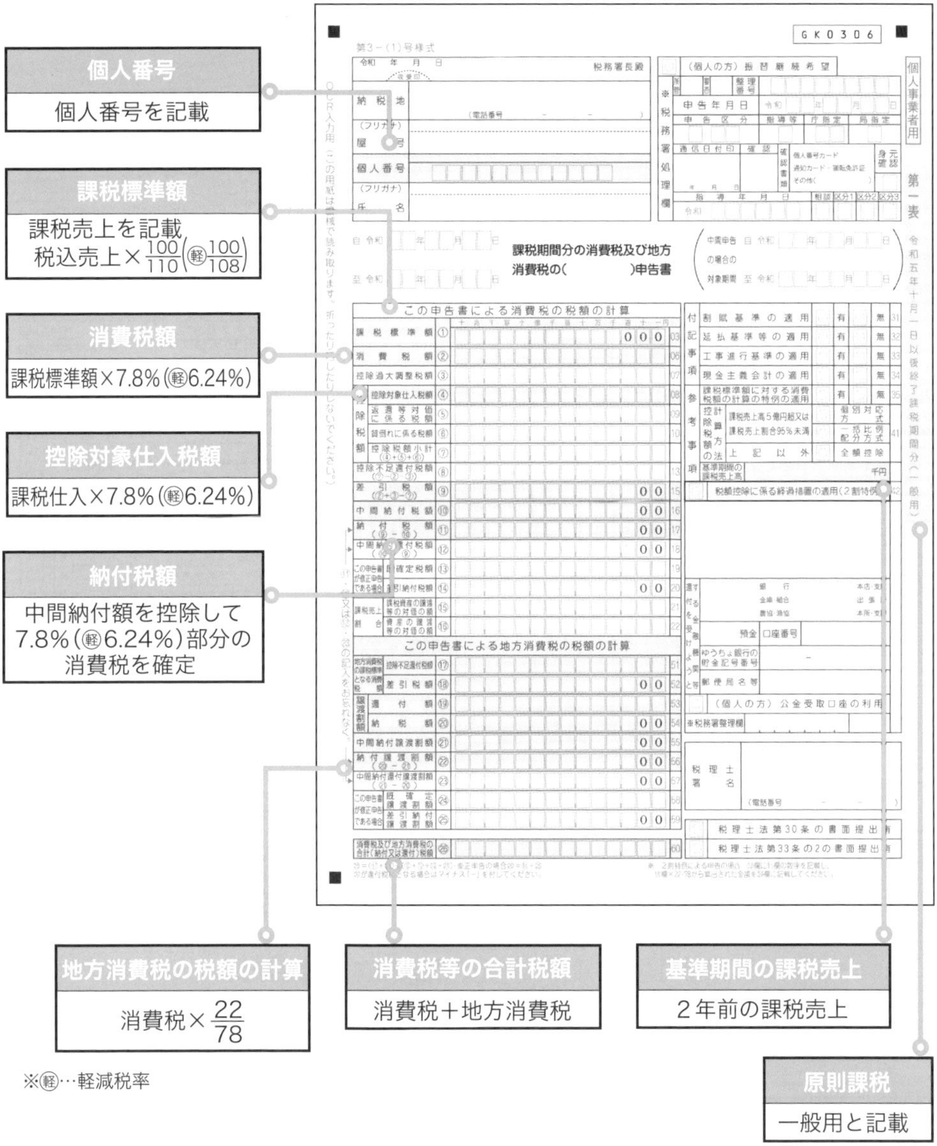
個人番号
個人番号を記載
課税標準額
課税売上を記載
税込売上×$\frac{100}{110}$（㊗$\frac{100}{108}$）
消費税額
課税標準額×7.8%（㊗6.24%）
控除対象仕入税額
課税仕入×7.8%（㊗6.24%）
納付税額
中間納付額を控除して7.8%（㊗6.24%）部分の消費税を確定
地方消費税の税額の計算
消費税×$\frac{22}{78}$
消費税等の合計税額
消費税＋地方消費税
基準期間の課税売上
2年前の課税売上
原則課税
一般用と記載
GK0306
第3－(1)号様式
課税期間分の消費税及び地方消費税の(　　　)申告書
この申告書による消費税の税額の計算
この申告書による地方消費税の税額の計算

※㊗…軽減税率

## 簡易課税

基準期間の課税売上高が5,000万円以下で、選択届出書を前年12月までに提出している場合には簡易課税を選択することができます。

●図表３－６　消費税の申告書（簡易課税）

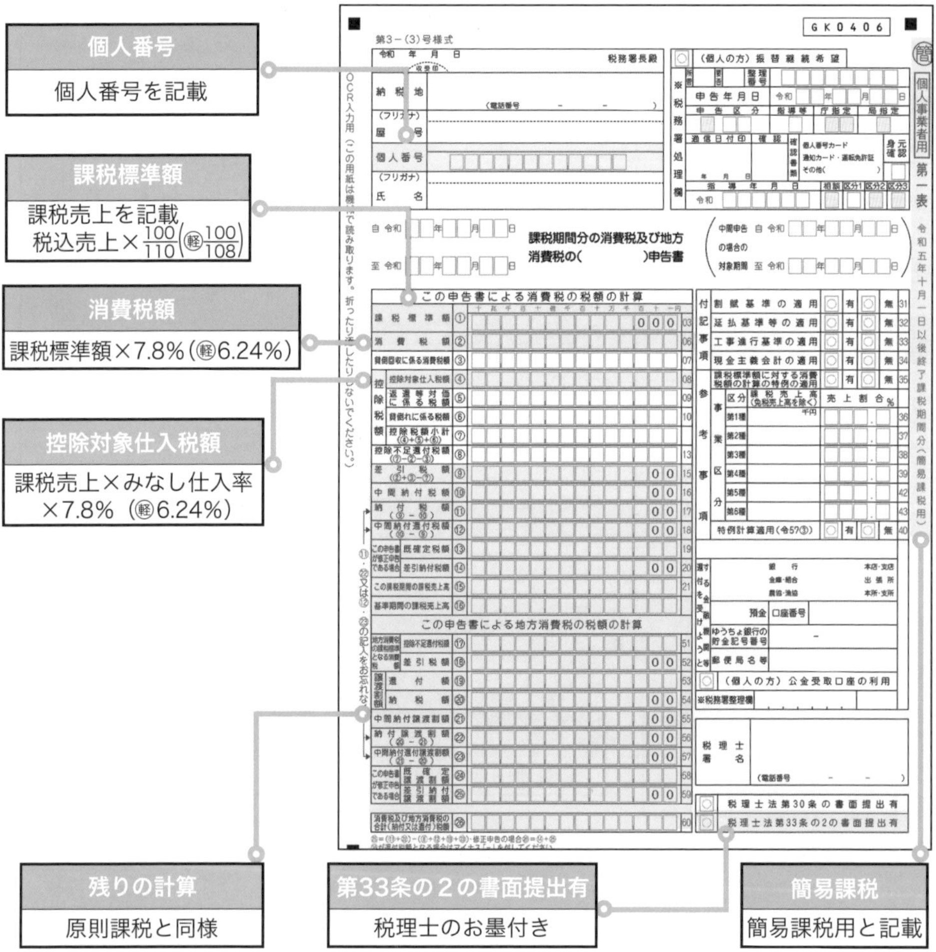


※軽…軽減税率

# 5 消費税の払いすぎ？



## 消費税の払いすぎ？

例えば、簡易課税方式が有利なのに、誤って原則的な方式を選択し続けているケースが見受けられます。毎年、原則的な方式が有利なのか、簡易課税方式が有利なのかは、試算する必要があるでしょう。

売上が5,000万円以下であり、大きな赤字でなく、しかも人件費が多いという場合でしたら、簡易課税方式のほうが有利なケースが多いと思われます。

●図表３－７　簡易課税方式が有利なケース

| | |
|---|---|
| ① | ２年前の課税売上が5,000万円以下 |
| ② | 大きな赤字でない |
| ③ | 人件費の割合が高い |

## 届出の多い税法

消費税法は届出が多い税法です。簡易課税方式は、前々年の課税売上が5,000万円以下で、かつ、前年までに選択届出書を提出する必要があり、やめる場合にも届出書が必要です。

また、簡易課税方式を一度選択すると、２年間は継続しなければなりません。高額な資産購入を検討している場合は、原則的な方法が有利になる場合が多いので、注意しましょう。

## ▶▶ 原則的な方法で、消費税の概算額を計算してみよう

**決算書１枚目**

令和　　年　　月　　日

損　益　計　算　書（自　1月　1日至 1

| 科目 | | 金額（円） | 科目 | | 金額（円） |
|---|---|---|---|---|---|
| 売上（収入）金額（雑収入を含む） | ① | 43,495,502 | 経費　消耗品費 | ⑰ | 623,554 |
| 売上原価　期首商品（製品）棚卸高 | ② | 3,125,446 | 減価償却費 | ⑱ | 359,384 |
| 仕入金額（製品製造原価） | ③ | 34,786,399 | 福利厚生費 | ⑲ | |
| 小計（②＋③） | ④ | 37,911,845 | 給料賃金 | ⑳ | 5,833,400 |
| 期末商品（製品）棚卸高 | ⑤ | 5,893,445 | 外注工賃 | ㉑ | |
| 差引原価（④－⑤） | ⑥ | 32,018,400 | 利子割引料 | ㉒ | 543,351 |
| 差引金額（①－⑥） | ⑦ | 11,477,102 | 地代家賃 | ㉓ | 964,000 |
| 経費　租税公課 | ⑧ | 25,200 | 貸倒金 | ㉔ | |
| 荷造運賃 | ⑨ | 338,210 | | ㉕ | |
| 水道光熱費 | ⑩ | 335,512 | | ㉖ | |
| 旅費交通費 | ⑪ | 412,345 | | ㉗ | |
| 通信費 | ⑫ | 232,554 | | ㉘ | |
| 広告宣伝費 | ⑬ | | | ㉙ | |
| 接待交際費 | ⑭ | 485,243 | | ㉚ | |
| 損害保険料 | ⑮ | 132,420 | 雑費 | ㉛ | 250,542 |
| 修繕費 | ⑯ | 172,200 | 計 | ㉜ | 10,707,915 |
| | | | 差引金額（⑦－㉜） | ㉝ | 769,187 |

**課税仕入**
**（租税公課、損害保険料、減価償却費、給料賃金、利子割引料 以外）**

34,786,399＋338,210＋335,512＋412,345＋232,554＋485,243＋172,200＋623,554＋964,000＋250,542＝38,600,559

**課税売上**

43,495,502

**原則課税の概算消費税**

課税売上43,495,502×10％－課税仕入38,600,559×10％＝約489,000

## 簡易課税方式で、消費税の概算額を計算してみよう

この例でいくと、原則課税方式は約489,000円の納税、簡易課税方式では約435,000円の納税となりますので、簡易課税方式が有利となります。

**決算書１枚目**

令和 05 年分所得税青色申告

| | | | | | |
|---|---|---|---|---|---|
| 住所 | 大阪府大阪市港区夕凪〇〇 -.〇〇 | | | フリガナ 氏名 | ﾅｶﾀﾞ 中田 |
| 事業所所在地 | 大阪府大阪市福島区野田〇〇 - 〇〇 | | | 電話番号 | (自 (事業 |
| 業種名 | 卸売業 | 屋号 | 中田商店 | 加入団体名 | |

令和　年　月　日

損益計算書（自 1 月 1 日 至

提出用（令和五年分以降用）

| 科目 | | | 金額（円） | 科目 | | | 金額（円） |
|---|---|---|---|---|---|---|---|
| 売上（収入）金額（雑収入を含む） | | ① | 43495502 | 経費 | 消耗品費 | ⑰ | 623554 |
| 売上原価 | 期首商品（製品）棚卸高 | ② | 3125446 | | 減価償却費 | ⑱ | 359384 |
| | 仕入金額（製品製造原価） | ③ | 34786399 | | 福利厚生費 | ⑲ | |
| | 小計（②＋③） | ④ | 37911845 | | 給料賃金 | ⑳ | 5833400 |
| | 期末商品（製品）棚卸高 | ⑤ | 5893445 | | 外注工賃 | ㉑ | |
| | 差引原価（④－⑤） | ⑥ | 32018400 | | 利子割引料 | ㉒ | 543351 |
| 差引金額（①－⑥） | | ⑦ | 11477102 | | 地代家賃 | ㉓ | 964000 |
| | | | | | 貸倒金 | ㉔ | |
| | | | | | | ㉕ | |

| 課税仕入<br>みなし仕入率 卸売業90% |
|---|
| 課税売上43,495,502×みなし仕入率90%＝39,145,951 |

| 課税売上 |
|---|
| 43,495,502 |

| 簡易課税の概算消費税 |
|---|
| 課税売上43,495,502×10%－課税仕入39,145,951×10%＝約435,000 |

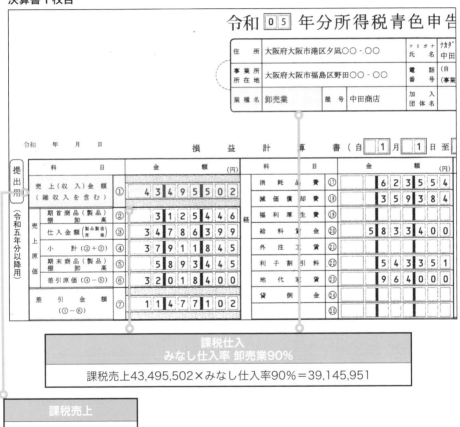

# 6 仮決算で資金繰りを改善しよう

## 確定消費税の申告期限と納付期限

消費税の申告と納付期限は、翌年３月31日までとなっています。一方、所得税の申告と納付期限は翌年３月15日までとなっていて、一般的には、所得税の申告に合わせて消費税の申告をすることが多いでしょう。

また、自動引落しである振替納税の手続きをすると、４月の中旬から下旬の引落しとなります。３月15日が納付期限と勘違いされている方にとって、振替納税の手続きをすれば約１ヵ月も納付期限が延びることとなります。

ちなみに、振替納税を利用するために必要な振替依頼書は、国税庁のホームページからダウンロードできます。

## 中間申告とは

消費税額が多いと、来年も納付額が多いであろうと予測されることから、事前に前払いをする制度が中間申告です。もちろん、前払いなので、最終的には確定消費税額から差し引かれます。

中間申告の回数も消費税額によって異なります。直前の確定消費税額（地方消費税は除く）が48万円以下のときには中間申告の義務はありませんが、48万円超で年１回、400万円超4,800万円以下で年３回となっています。

●図表３－８　中間申告の回数

| 直前の確定消費税額（地方消費税は除く） | 中間申告の回数 |
|---|---|
| 48万円超～400万円以下 | 年１回 |
| 400万円超～4,800万円以下 | 年３回 |



## 仮決算で資金繰りを改善しよう

中間申告する際に前払いをする消費税の計算方法は２つあります。１つは前回の確定消費税額を用いる方法と、もう１つは実際に仮決算を行う方法です。

前回の確定消費税額を用いる方法は、年１回の中間申告でしたら、単純に前回の確定消費税の半分を前払いすることになります。

後者の仮決算を行う方法は、年１回の中間申告でしたら、上半期でしめて仮決算を行い、実際の消費税を計算する方法です。

ほとんどの中間申告は、前回の確定消費税額を用いる方法を採用しています。毎年同じような業績であれば、納付する消費税額にあまり変動がなくても問題はありません。しかし、前年の業績が良くて、今年が大幅な赤字になっている場合は、課税売上が減少または課税仕入が増加していますので納付する消費税額は少なくなっていると予想されます。

手間はかかりますが、後者の仮決算で中間申告の消費税額を計算し、資金繰りを改善しましょう。

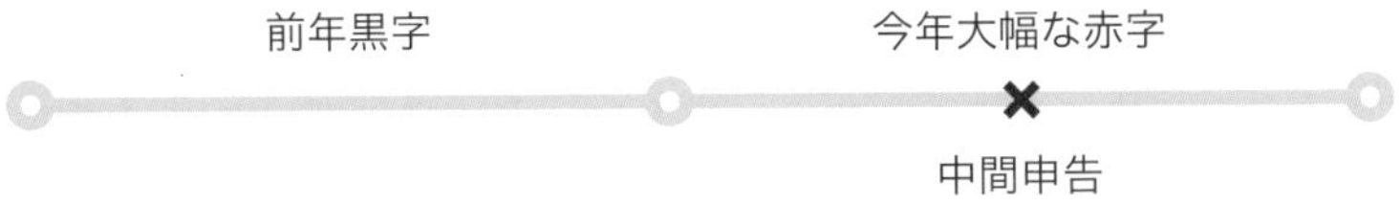


**仮決算のほうが、資金繰りが楽**

# 7 軽減税率(8%)制度

## 軽減税率制度の概要

景気に与える影響を考慮して２度にわたって延期された消費税10%の増税が、いよいよ2019年10月１日から施行されました。1989年に消費税３%が導入され、1997年には５%、2014年には８%に引き上げられてきました。

過去の増税と大きな違いは、低所得者に配慮する「軽減税率制度」の導入です。これにより消費税の税率は、標準税率10%と軽減税率８%の２種類となり、軽減税率８%の対象品目は、外食やアルコールを除く飲食料品や新聞となります。

また、飲食料品を販売する際に、通常必要なものとして使用する食品トレイなどの包装材料等は、軽減税率８%の対象となる「飲食料品」に該当します。

●図表３－９　軽減税率の該当品

| | |
|---|---|
| 飲食料品 | 外食やアルコールを除く飲食料品、一体資産 |
| 新聞 | 定期講読で週２回以上発行されるもの |

## 外食と持ち帰り

同じ飲食料品であっても、ファーストフード店での「外食」は標準税率10%の対象となりますが、「持ち帰り」は軽減税率８%の対象となります。

イートインコーナーがあるコンビニエンスストアでは、飲食料品を購入する時点で「外食」か「持ち帰り」の意思を確認することになります。

また、出前や宅配等、単に飲食料品を届けるだけのものは、軽減税率８％の対象となりますので、外食各社は宅配サービスの強化に乗り出しています。

## 一体資産

おもちゃ付きお菓子のように、食品と食品以外の資産があらかじめ一体となっている資産は、税抜き価額が１万円以下であって、その一体資産のうち食品の価額の占める割合が２/３以上の場合、全体が軽減税率８％の対象となります。

## 帳簿および請求書

消費税率が複数となるため、帳簿には取引ごとの税率により区分経理を行うことが求められます。また、飲食料品等の売上がある場合、軽減対象品目である旨や税率ごとに区分して合計した金額（税込金額）を記載した請求書（区分記載請求書等）を発行する必要があります。

●図表３－10　帳簿の記載例

総勘定元帳（仕入）

| XX 年 月 | 日 | 摘要 | | 税区分 | 借方（円） |
|---|---|---|---|---|---|
| 11 | 30 | △△商事㈱ | 11 月分　日用品 | 10% | 88,000 |
| 11 | 30 | △△商事㈱ | 11 月分　食料品 | 8％ | 43,200 |
| | | | | | |

日　付：仕入れを行った年月日

仕入先の名称等：仕入れの相手方の氏名または名称

摘要や税区分：仕入れの内容や税率

金　額：仕入れに係る支払対価の額

# 8

# インボイス制度

## インボイス制度の概要（買い手）

2023年10月からインボイス制度が開始されました。まず、仕入や経費などの支払いをする買い手の立場から説明します。消費税の申告は、売上の消費税から、仕入や経費の消費税を控除して納付します。

従来、消費税を控除するためには、帳簿の記載と取引先から受領した請求書等の保存が要件でした。インボイス制度では、その保存すべき請求書等が、「登録番号」等の必要事項を記載した「適格請求書（インボイス）等」に変わります。また、「適格請求書等」は「適格請求書発行事業者」だけが発行できるため、買い手としては、売り手に対して「適格請求書発行事業者」であることを求めます。

消費税の免税事業者は、「適格請求書発行事業者」にはなれないので、消費税の申告上、免税事業者に支払った仕入や経費の消費税は、売上の消費税から控除することができなくなりました（経過措置あり）。

## インボイス制度の概要（売り手）

売り手としては、消費税の課税事業者であれば、「適格請求書発行事業者の登録申請書」を、税務署に提出します。審査を経て「適格請求書発行事業者」として登録されると「登録番号」が通知されます。

一方、消費税の免税事業者であれば、深刻な問題が発生します。免税事業者は、「適格請求書発行事業者」にはなれないので、買い手から消費税分の値引きを要求されたり、取引が見直されたりする可能性が出てきました。益税のメリットを享受してきた免税事業者は、「適格請求書発行事業者の登録申請書」を提出して課税事業者を選択するかどうかの苦渋の決断を迫られることになります。

## 適格請求書

買い手が、消費税申告の計算上、仕入や経費の消費税を控除する場合、下記の「登録番号」等の必要事項を記載した「適格請求書（インボイス）等」の保存が必要になります。

「不特定多数の者に販売等を行う取引」がある小売業や飲食店業については、交付を受ける「事業者の名称」の省略、「適用税率」または「消費税額等」の記載で済む「簡易インボイス」の発行が認められます。



●図表３－11　適格請求書の記載例

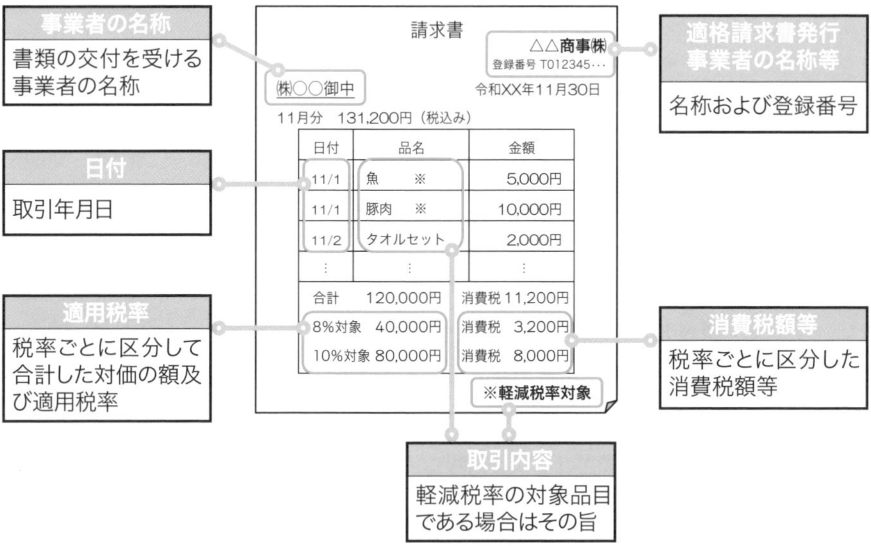

## 経過措置

インボイス制度の実施後は、免税事業者などの適格請求書発行事業者以外から行った仕入や経費の消費税は、売上の消費税から控除することができなくなりますが、2023年10月から６年間は、一定割合を控除可能とする経過措置が設けられました。

免税事業者等からの仕入等の消費税につき、2026年９月までは、80％控除可能、2029年９月までは50％控除可能、2029年10月からは控除不可となります。

## ２割特例

「適格請求書発行事業者」に登録しなければ、免税事業者のままであった事業者に対して、納税を緩和する経過措置が設けられました。

インボイス制度の実施後３年間に限り、売上の消費税の２割を納税額とする措置です。例えば、売上が880万円の場合、消費税80万円の２割である16万円を納税することになります。

**コラム**

国税庁ホームページにおいては、税に関する疑問に答える新しい税務相談「チャットボット」の運用が開始されました。「チャットボット」とは、税に関する疑問をフリーワードで入力して、ＡＩを活用してチャット形式で自動回答するシステムをいいます。曜日や時間に関係なく気軽に質問でき、また、国税庁ホームページに掲載されている情報へより短時間でたどり着くことができます。

# 第4章

## 財産債務調書

# 1 所得税の財産債務調書の仕組み

## 財産債務調書

2016年から、従来の「財産及び債務の明細書」が見直され、名称が「財産債務調書」に変更となり、記載内容について税務署による調査が可能となりました。また、記載もれの財産が、所得税の申告もれとなった場合には、ペナルティが強化されます。

一方、提出者の範囲の幅は緩和され、従来の所得合計2,000万円超の者のうち、３億円以上の財産または１億円以上の有価証券等を所有している個人事業主等に限られることになりました。

提出者の範囲が上記の条件を満たす資産家に絞られますが、記載内容は厳格化されました。

「財産債務調書」の提出にあたっては、別途、「財産債務調書合計表」を作成して、添付することになります。

2023年分から現行の提出義務者に加えて、所得がない者でも所有財産が10億円以上の者は、提出義務者となります。

また、2023年分から提出期限が、翌年の３月15日から翌年の６月30日となります。

●図表４－１　所得税の財産債務調書

FA6102

整理番号　1134567

令和 05 年12月31日分　財産債務調書

提出用

| | | |
|---|---|---|
| 財産債務を有する者 | 住所（又は事業所、事務所、居所など） | 大阪府大阪市港区夕凪○○・○○ |
| | 氏名 | 中田　太郎 |
| | 個人番号 | 電話番号（自宅・勤務先・携帯） |

| 財産債務の区分 | 種類 | 用途 | 所在 | 数量 | （上段は有価証券等の取得価額）財産の価額又は債務の金額 | 備考 |
|---|---|---|---|---|---|---|
| 土地 | 土地 | 事業用 | 大阪府大阪市港区夕凪○○-○○ | 1,320㎡ | 250,000,000円 | |
| 建物 | 建物 | 事業用 | 大阪府大阪市港区夕凪○○-○○ | 1,010㎡ | 200,000,000 | |
| 預貯金 | 預貯金 | 事業用 | ○○銀行○○支店 | | 115,000,000 | |
| 有価証券（上場株式） | 上場株式（○社） | 一般用 | ○○証券○○支店 | 1,000株 | 6,500,000<br>8,363,917 | |
| 借入金 | 借入金 | 事業用 | ○○銀行○○支店 | | 32,000,000 | |

国外財産調書に記載した国外財産の価額の合計額（うち国外転出特例対象財産の価額の合計額（　　）円（合計表㉗へ））　合計表㉕へ

| | | | |
|---|---|---|---|
| 財産の価額の合計額 | 合計表㉖へ　573,363,917 | 債務の金額の合計額 | 合計表㉜へ　32,000,000 |

（摘要）

（　1　）枚のうち１枚目

通信日付印（年月日）（　・　・　）

平成二十八年十二月三十一日分以降用

## 財産債務調書への記載事項

従来の「財産及び債務の明細書」の記載事項であった財産の種類、数量および価額に加えて、財産の所在や有価証券の銘柄等の記載が必要となりました。

それぞれの財産債務を「事業用」と「一般用」に区分し、更に、所在の別に区分します。事業用の売掛金が多数となる場合には、100万円未満の売掛金については所在別に記載をせずに、その件数と総額を記載しても差し支えありません。

財産の価額については、原則、時価となっていますが、具体的には、相続税評価額や固定資産税評価額を記載することになります。

また、有価証券等については、財産の価額のみでなく取得価額を併記することになりました。

## ペナルティ

従来はペナルティがありませんでしたが、「財産債務調書」はペナルティが明文化されました。

所得税で財産の申告もれが生じたときに、その財産が「財産債務調書」においても記載されていなかった場合には、罰金が５％上乗せされます。

ペナルティばかりではありません。所得税や相続税において財産の申告もれが生じたときであっても、その財産が「財産債務調書」に、記載されていた場合には、罰金が５％軽減されるというインセンティブもあります。

## ▶▶ 財産債務調書合計表

**財産の価額**
財産の区分ごとに、財産債務調書から転記

**合計額**
財産と債務の合計額を財産債務調書から転記

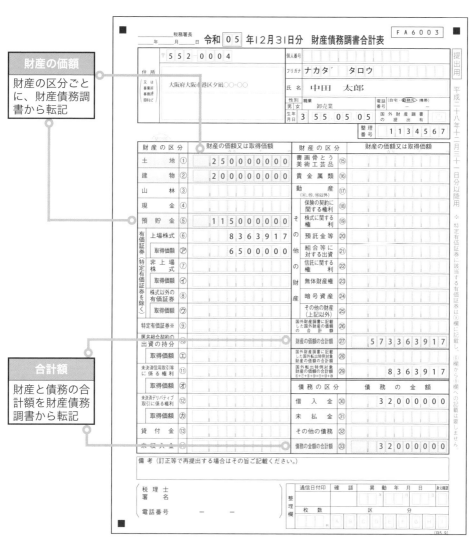

______税務署長
____年____月____日

令和 05 年12月31日分　財産債務調書合計表　　FA6003

| | |
|---|---|
| 住所（又は事業所、事務所、居所など） | 〒552-0004　大阪府大阪市港区夕凪○○-○○ |
| 個人番号 | |
| フリガナ | ナカタ　タロウ |
| 氏名 | 中田　太郎 |
| 性別 | 男 女 |
| 職業 | 卸売業 |
| 電話番号 | （自宅・勤務先・携帯）　−　− |
| 生年月日 | 3 55.05.05 |
| 国外財産調書の提出有 | |
| 整理番号 | 1134567 |

| 財産の区分 | 財産の価額又は取得価額 | 財産の区分 | 財産の価額又は取得価額 |
|---|---|---|---|
| 土地 ① | 250000000 | 書画骨とう美術工芸品 ⑮ | |
| 建物 ② | 200000000 | 貴金属類 ⑯ | |
| 山林 ③ | | 動産（④、⑮、⑯以外） ⑰ | |
| 現金 ④ | | その他の財産　保険の契約に関する権利 ⑱ | |
| 預貯金 ⑤ | 115000000 | その他の財産　株式に関する権利 ⑲ | |
| 有価証券（特定有価証券を除く）　上場株式 ⑥ | 8363917 | その他の財産　預託金等 ⑳ | |
| 有価証券（特定有価証券を除く）　取得価額 ㋐ | 6500000 | その他の財産　組合等に対する出資 ㉑ | |
| 有価証券（特定有価証券を除く）　非上場株式 ⑦ | | その他の財産　信託に関する権利 ㉒ | |
| 有価証券（特定有価証券を除く）　取得価額 ㋑ | | その他の財産　無体財産権 ㉓ | |
| 有価証券（特定有価証券を除く）　株式以外の有価証券 ⑧ | | その他の財産　暗号資産 ㉔ | |
| 有価証券（特定有価証券を除く）　取得価額 ㋒ | | その他の財産　その他の財産（上記以外） ㉕ | |
| 特定有価証券※ ⑨ | | 国外財産調書に記載した国外財産の価額の合計額 ㉖ | |
| 匿名組合契約の出資の持分 ⑩ | | 財産の価額の合計額 ㉗ | 573363917 |
| 取得価額 ㋓ | | 国外財産調書に記載した国外転出特例対象財産の価額の合計額 ㉘ | |
| 未決済信用取引等に係る権利 ⑪ | | 国外転出特例対象財産の価額の合計額 ⑥+⑦+⑧+⑨+⑪+⑫+⑳ ㉙ | 8363917 |
| 取得価額 ㋔ | | **債務の区分** | **債務の金額** |
| 未決済デリバティブ取引に係る権利 ⑫ | | 借入金 ㉚ | 3200000 |
| 取得価額 ㋕ | | 未払金 ㉛ | |
| 貸付金 ⑬ | | その他の債務 ㉜ | |
| 未収入金 ⑭ | | 債務の金額の合計額 ㉝ | 3200000 |

備考（訂正等で再提出する場合はその旨ご記載ください。）

税理士署名
電話番号　−　−

| 整理欄 | 通信日付印 | 確認 | 異動年月日 | 身元確認 |
|---|---|---|---|---|
| | 枚数 | | 区分 A B C D E F G H I | |

(R5.9)

提出用
平成二十八年十二月三十一日分以降用
※特定有価証券に該当する有価証券は⑨欄に記載し、⑥欄から⑧欄への記載は要しません。

第4章　財産債務調書

# 2

# 相続税の基本

## ▶▶ 法定相続人

遺言書がある場合は遺言により相続人や相続分が確定します。一方、遺言書がない場合には、民法の規定による法定相続人が、法定相続分を目安に話合い（遺産分割協議）で財産の配分を決めます。

法定相続人になれるのは、配偶者相続人と血族相続人となります。配偶者は常に相続人となりますが、血族相続人は優先順位があって、第１順位は子供、子供がいなければ第２順位の親、親がいなければ、第３順位の兄弟姉妹が相続人となります。法定相続人の数は、相続税の計算上、基礎控除および生命保険や退職金の非課税を計算する際に使用します。

## ▶▶ 法定相続分

遺産分割協議の際に目安となる民法で規定する法定相続分は、血族相続人によって異なります。例えば法定相続人が配偶者と子３人の場合は、配偶者が1/2、子３人が1/2を３等分することとなりますが、子がいない場合は配偶者が2/3、被相続人の両親が1/3を２等分することになります。

| | | 第１順位 | 第２順位 | 第３順位 |
|---|---|---|---|---|
| | | 子 | 親 | 兄弟姉妹 |
| 法定相続人 | 血族相続人 | 1/2 | 1/3 | 1/4 |
| | 配偶者相続人 | 1/2 | 2/3 | 3/4 |

法定相続分の割合は、相続税の計算上、相続税の総額（相続税の仮計算）

を行う際に使用します。仮計算で相続税の総額を固定し、その相続税の総額を実際に取得した財産の割合で各相続人の相続税額を算出していきます。実際の相続分でなく法定相続分で仮計算を行うのは、できるだけ相続人の恣意性を排除するためです。

## 相続税が課税されない理由❶　基礎控除

相続税は、死亡した人（被相続人といいます）の死亡した日に所有する財産に対して課税されます。財産の価額からは債務や葬式費用、基礎控除を差し引くことができます。

| | |
|---|---|
| 基礎控除 | 3,000万円＋（法定相続人の数×600万円） |

2015年から基礎控除が大幅に減額したとはいえ、大きな控除額であることには間違いありません。大半の人が相続税が課税されない理由の１つとなっています。

## 相続税が課税されない理由❷　配偶者の税額軽減

最終的には、相続人ごとに取得した財産に応じて相続税を負担することになるのですが、配偶者の税金には、配偶者の税額軽減という大きな税額控除があります。財産の形成には夫婦の協力があったためという考え方から生まれた制度ですが、年齢からいって配偶者の相続時期も、そんなに遠くないということも関係しているようです。

| | |
|---|---|
| 配偶者の税額軽減 | 配偶者が１億6,000万円または法定相続分まで財産を取得しても、配偶者には相続税はかからない |

配偶者の税額軽減が有利だからといって、安易に配偶者が相続すると、配偶者自身の相続時（２次相続）に相続税が多く課税されてくることもありますので注意が必要です。２次相続まで考慮した対策が必要です。

## 相続税が課税されない理由❸　小規模宅地等の特例

相続財産のうち半分以上を占めるのが、土地などの不動産となります。原則的な土地の評価は、その土地に面する路線価に、その土地の面積をかけて算出します。路線価とは、国税庁から発表されている道路ごとにつけた土地１㎡あたりの評価額のことをいいます。

簡易的な計算方法としては、毎年５月に郵送されてくる固定資産税通知書に固定資産税評価額が記載されていますので、その固定資産税評価額に約1.2倍を乗じたものが相続税評価額の目安となります。

| | |
|---|---|
| 土地の評価額の目安 | 路線価　×　土地の面積㎡<br>または<br>固定資産税評価額　×　約1.2 倍 |

上記で計算された土地の相続税評価額から、一定の条件はありますが、８割も大幅に評価を下げる小規模宅地等の特例という制度があります。

被相続人の自宅の敷地を同居している相続人が相続した場合（特定居住用宅地等）や、被相続人の事業用宅地を事業承継する相続人が相続した場合（特定事業用宅地等）などに適用があります。

また、特定居住用宅地等については、被相続人と同居していなくても持家がない相続人が相続する場合には、適用できる可能性があります。

| | | |
|---|---|---|
| 小規模宅地等の特例 | 特定居住用宅地等 | 土地の面積330㎡までの部分は、80%減額 |
| | 特定事業用宅地等 | 土地の面積400㎡までの部分は、80%減額 |

2015年から、特定居住用宅地等と特定事業用宅地等が完全併用できるようになったことも注目したい点です。

2019年４月１日以後の相続から、特定事業用宅地等については、相続開始前３年以内に事業の用に供された宅地等については原則、小規模宅地等の特例の対象外となりました。

## 相続税の計算方法

**step❶**

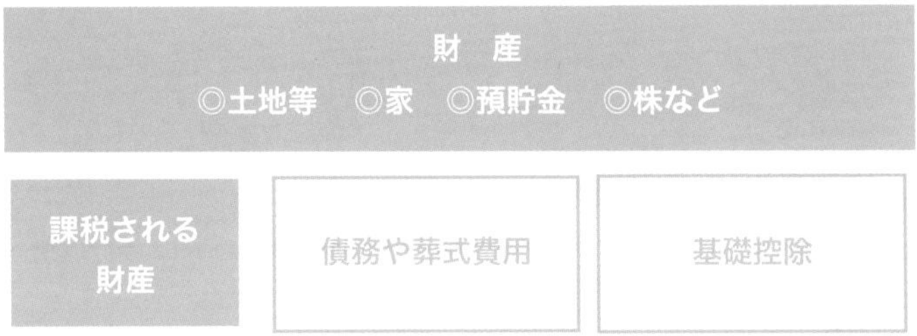


**step❷**

課税される財産にダイレクトに税率を乗じるのでなく、各相続人が法定相続分で取得したものとして、その取得財産にそれぞれの相続税率を乗じて各相続人の仮の相続税を算出し、合計する（相続税の総額）。

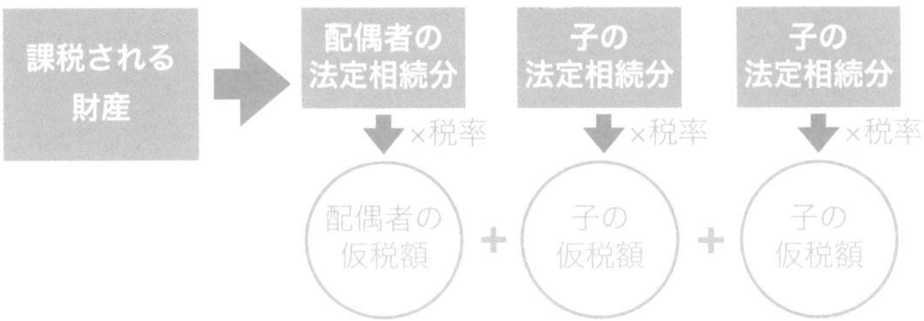


| 財産の価額 | 税　率 | 控除額 |
|---|---|---|
| 1,000万円以下 | 10% | ― |
| 3,000万円以下 | 15% | 50万円 |
| 5,000万円以下 | 20% | 200万円 |
| 1億円以下 | 30% | 700万円 |
| 2億円以下 | 40% | 1,700万円 |
| 3億円以下 | 45% | 2,700万円 |
| 6億円以下 | 50% | 4,200万円 |
| 6億円超 | 55% | 7,200万円 |

**step❸**

仮税額の合計額（相続税の総額）を、実際に相続した財産の割合に応じて割り振り、各相続人の相続税額を算出する。

**step❹**

配偶者の税額軽減や未成年者控除などを各相続人の税額から控除して、各相続人の納付額を確定する。

## 相続税の早見表

下記の早見表で、財産と家族の構成から相続税の概算額を計算することができます。早見表は、配偶者が法定相続分で相続したケースですので、配偶者の税額軽減により配偶者の納税額は０円となります。

●図表４－２　相続税の早見表

| 相続人<br>財産（基礎控除前） | 配偶者と<br>子供１人 | 配偶者と<br>子供２人 |
|---|---|---|
| 4,000万円 | ０円 | ０円 |
| 8,000万円 | 235万円 | 175万円 |
| ２億円 | 1,670万円 | 1,350万円 |
| ５億円 | 7,605万円 | 6,555万円 |

## 配偶者居住権

約40年ぶりとなる民法（相続法）の大きな改正が、2018年７月に成立しました。マイホームの完全な「所有権」を「所有権」と「配偶者居住権」に分離し、「所有権」は子供が「配偶者居住権」は配偶者が相続することで、配偶者が心配なくマイホームに住み続けることができるようになります。

完全な「所有権」より、「配偶者居住権」の評価額は低く抑えることができますので、その分、相続人同士の遺産分割協議において老後資金を多く相続することも可能となりました。

「配偶者居住権」は、登記簿謄本に登記をすることで効力が生じ、その配偶者の死亡によって消滅します。分離していた権利が、もともとの完全な「所有権」に戻ります。

配偶者が「配偶者居住権」を相続するかどうかで、課税関係が異なってきます。例えば完全な「所有権」を5,000万円、「配偶者居住権」を2,500万円と仮定しましょう。

父の一次相続で自宅の完全な「所有権」5,000万円を子供が相続した場合、5,000万円に対して相続税が課税されます。

一方、一次相続で分離した「配偶者居住権」2,500万円を母が相続して、子供が分離した「所有権」2,500万円を相続する場合、配偶者は１億6,000万円まで課税されませんので、一般的には「配偶者居住権」には課税されません。また、母の二次相続では「配偶者居住権」は消滅しますので、一次相続と二次相続で相続税の課税対象となるのは、分離された「所有権」2,500万円のみとなります。一次相続で自宅の完全な「所有権」を子供が相続するよりは節税のメリットがあります。

「配偶者居住権」は、2020年４月以後の相続において適用されます。また、2020年４月以後に作成する遺言書において、「配偶者居住権」を記載することが可能になりました。

# 3 贈与税の基本

## カメ型＝暦年課税贈与

贈与税とは、財産をただであげた場合に、財産をもらった人（受贈者）に課税される税金のことをいいます。

一般的に贈与税といえば暦年課税贈与のことを指します。受贈者ごとに毎年110万円までの基礎控除がありますので、110万円までの贈与なら税金は課税されませんし、贈与税申告の必要はありません。110万円を超えるとその超える金額が大きければ大きいほど高い税率となります（超過累進税率）。

超過累進税率のカーブが所得税や相続税より急激なので、一番高い税金といえます。

2015年からの贈与については、最高税率が50％から55％に引きあげられたものの、20歳以上の孫等が直系尊属から受けた贈与財産を「特例贈与財産」、それ以外の贈与財産を「一般贈与財産」の２区分にわけ、「特例贈与財産」については、「一般贈与財産」より緩和した税率が適用されることとなりました。

また、被相続人の死亡日（相続開始日）前３年以内に贈与されたものについては、相続財産へ持戻しとなり、相続税の課税対象となります。

相続対策の王道として、毎年コツコツ行うカメ型贈与といえます。

## ウサギ型＝精算課税贈与

一気に贈与を行うウサギ型贈与が精算課税贈与といわれるもので、若い世代への財産移転を促して経済活性化につなげるためにつくられた制度です。

60歳以上の親や祖父母から20歳以上の子や孫に対する贈与に限られますが、贈与する人（贈与者）ごとに生涯で2,500万円までの大きな控除が認められています。2,500万円を超えた場合、一律20％の税率で贈与税が課税されます。

すべての贈与が相続財産に持戻しとなることが大きなデメリットですので、精算課税贈与は相続対策としては使いにくいでしょう。ただし、相続税が課税されない人が早く財産移転をしたいときや、貸しマンションで収益部分を子供に移転したいときには有利な方法だといえます。

精算課税贈与を一度選択すると、カメ型の暦年課税贈与を、今後、使えなくなってしまいますので、精算課税贈与の選択は慎重に行う必要があります。



## ▶▶ 暦年課税贈与と精算課税贈与の比較

| | 暦年課税贈与 | 精算課税贈与 |
|---|---|---|
| 贈与をする人（贈与者） | 誰でも | 60歳以上の親や祖父母 |
| 贈与を受ける人（受贈者） | 誰でも | 20歳以上の子や孫 |
| 計算方法 | （贈与財産－110万円）×（10%～55%） | （贈与財産－2,500万円）×20% |
| 控除額（非課税枠） | 受贈者ごと 年間で110万円 | 贈与者ごと 生涯で2,500万円 |
| 申告の有無 | 110万円までなら申告不要 | 申告必要 |
| 相続財産への持戻し | 死亡日前３年以内の贈与財産 | すべての贈与財産 |
| 相続対策として | 使える | 使いにくい |

## ▶▶ 相続財産への持ち戻し　暦年課税贈与

過去に暦年課税贈与した財産の、相続財産への持ち戻しが、被相続人の死亡日（相続開始日）前３年以内から、死亡日前７年以内に改正されました。

2026年12月までの相続開始は、相続開始日前３年以内のままで改正の影響は受けませんが、2027年１月から2030年12月相続開始については、加算期間が段階的に延長され、2031年１月相続開始から相続開始日前７年以内になります。

また、改正で延長された４年間（相続開始日前３年超７年以内）に受けた贈与については、４年間合計100万円まで相続財産に加算しないことになりました。

## ▶▶ 年110万円の非課税　精算課税贈与

2024年に基礎控除（毎年110万円）が創設されました。精算課税贈与財産から2,500万円のみを控除して、贈与税を計算していましたが、精算課税贈与財産から基礎控除110万円を控除して、2,500万円を控除することになります。

精算課税の贈与者が複数人いる場合は、基礎控除110万円を贈与額により按分します。

また、精算課税贈与を受けた場合、申告義務がありましたが、年110万円以下の精算課税贈与については、申告不要となりました。

さらに、相続財産への持ち戻しについて、暦年課税贈与は、加算期間内であれば年110万円以下の贈与であっても、相続財産に加算されるのに対し、改正後の精算課税贈与は、年110万円以下の贈与は、相続財産に加算されないことになりました。

# 4 個人版事業承継税制

## 個人版事業承継税制の概要

2018年から法人向けの事業承継税制が大きく見直され、自社株の相続税対策としては欠かすことのできない使い勝手のよい制度となりました。

個人事業主についても、少子高齢化の中で後継者問題を抱え、円滑な事業承継による持続的な発展が急務の課題となっています。個人事業主の事業承継を促進するため、10年間限定で、一定の事業用資産の承継に係る相続税や贈与税を全額納税猶予する「個人版事業承継税制」が創設されました。

納税猶予とはその名のとおり納める税金を「猶予」してもらう制度ですが、一定の要件のもと、後継者が死亡するまで事業を継続し、相続や贈与で引き継いだ事業用資産を保有すれば納税額の全額が「免除」となります。

## 後継者の要件

贈与の場合、後継者である受贈者（贈与される人）は18歳以上であり、贈与の日まで３年以上その事業に従事していたことが要件となります。

また、受贈者は贈与後の申告期限において、贈与者は贈与前において青色申告の承認を受けている必要があります。

一方、相続の場合は、後継者である相続人に年齢制限はありませんが、後継者である相続人は相続開始後の申告期限において、被相続人は相続開始前において青色申告の承認を受けていなければなりません。

## 対象となる事業用資産

事業（不動産貸付事業等を除く）を行うために必要な下記の事業用資産が対象となっています。いずれも、決算書の貸借対照表に記載されていることが要件となります。また、土地については、「特定事業用小規模宅地の特例」との選択適用となります。

●図表４－３　事業用資産

| | |
|---|---|
| 土地・建物 | 土地は400$m^2$、建物は床面積800$m^2$まで |
| 機械・器具備品 | 診療機器・工作機械・パワーショベルなど |
| 一定の減価償却資産 | トラック・営業車両・特許権など |

## 手続き

適用を受けるためには、2026年３月までに、前もって「承継計画」を都道府県に提出して確認を受けることが必要です。

「承継計画」には、認定経営革新等支援機関の指導・助言を受け承継前後の経営の見直し等を記載することが求められます。

また、相続や贈与での事業用資産の承継後、３年ごとに「継続届出書」の提出が必要となります。「継続報告書」で、納税猶予の要件を継続して満たしていることを税務署に現状報告することになります。

●図表４－４　「承継計画」の提出期間

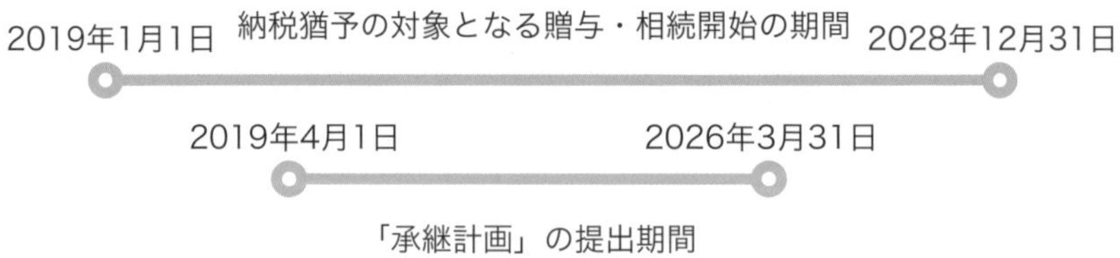

# 5 王道、生前贈与の活用

## 暦年課税贈与の活用

相続開始日に、被相続人が有する財産に対して相続税はかかるわけですから、生前贈与により財産を移転して、相続財産を減らすことが相続税対策の基本となります。

相続対策としては、精算課税贈与より暦年課税贈与が主流となります。財産のうち分割しやすい現預金や株式については、暦年課税贈与が特に有効な対策方法といえます。

年間110万円と控除額が小さいのですが、複数年にわたって複数人に贈与すると、節税効果も大きくなります。

また、相続税が確実に課税される人なら、年500万円までの贈与をおすすめします。年500万円なら、相続税の最低税率と同じ10％程度の贈与税率で、生前に財産を移転することができます。

## 贈与総額を最初から決めない

注意点としては、贈与総額を最初から決めて毎年分割で渡すと、一括贈与としてその総額に一括で課税される場合があります。

1,100万円を贈与したいから、毎年110万円ずつ計画的に贈与しようというのと、毎年贈与していたら、結果として1,100万円になったというのでは、前者は多額の課税、後者は課税なしとなり、贈与税の取扱いが大きく異なってきます。

## ▶▶ 名義預金と名義株

相続税の申告には、税務調査がつきものです。30％程度の確率で税務調査が入りますが、財産が多ければ多いほど、その確率は高くなります。

申告もれで指摘が多いのが、現預金と株式です。

子供名義の預金があれば、税務署は、必ずその資金原資を調べます。その資金原資が被相続人の預金からの引出しであれば、税率の高い贈与税もれを指摘されるでしょう。

しかし、贈与税にも７年の時効があります。それ以前の贈与なら、税務署は贈与税を課すことができませんので、今度は、贈与の事実はないから被相続人の名義預金として相続財産もれを指摘してきます。

## ▶▶ 贈与の事実❶　贈与財産の移転をしっかり行う

贈与の事実について、税務署に疑われないようにしましょう。例えば、子供名義の預金通帳と金融機関届出印を被相続人が管理していたら、子供はそのお金を自由に使うことができません。それは贈与の事実がないということになりますので、贈与の際には、子供に預金通帳や金融機関届出印も必ず渡すようにしましょう。

贈与のために新しい預金口座をつくるのではなく、子供の生活用口座に振り込むのがベストといえます。

贈与したお金を子供が浪費してしまうのでは？　という心配もあるでしょうから、子供には個人年金保険などの積立保険をすすめるのも１つの方法です。

## ▶▶ 贈与の事実❷　贈与税の申告を行う

贈与財産が110万円超なら、きちんと贈与税の申告をしましょう。贈与の事実を裏付ける決定的根拠、とまではいきませんが、根拠の１つとして申告書の控えを保存しておくことは重要です。

贈与税の申告は、その贈与を受けた年の翌年３月15日までとなります。

## ▶▶ 贈与の事実❸　贈与契約書をつくる

贈与は、あげます、もらいますというお互いの意思があって初めて成立します。その意思を書面で残すのが贈与契約書となります。ポイントとしては、最後のサインはお互いに自筆で署名し、信憑性を高めることです。さらには公証役場で贈与契約書に確定日付印を押してもらえば、その贈与日に、お互いの意思を裏付ける贈与契約書が存在していたことを公に証明することができます。なお、未成年者への贈与については、未成年者の子供が贈与の事実を知らなくても親権者の同意があれば成立します。

また、最近では贈与契約書の作成や贈与者からの振込を省略できる保険商品も発売されているようです。

●図表４－５　贈与契約書（例）

贈与契約書

贈与者 ○○○（以下、甲という）は、受贈者○○○（以下、乙という）と、次のとおり贈与契約を締結する。

記

第１条 甲は、現金 ○○ 万円を乙に贈与するものとし、乙はこれを承諾した。

以上の契約を証するため本書を作成し、署名捺印のうえ、各自その一通を保有する。

令和○年○月○日

甲　住所
　　氏名　　　　　　　印

乙　住所
　　氏名　　　　　　　印

# 6 大型の生前贈与①
# 贈与税の配偶者控除

## 贈与税の配偶者控除

婚姻期間が20年以上である夫婦間による大型の生前贈与です。居住用不動産やその取得資金の贈与があった場合には、その贈与額から2,000万円を控除することができます。この特例は生涯に一度のみとなっています。

## 適用要件

その他の主な適用要件は以下のとおりです。

| | |
|---|---|
| ① | 取得等資金の贈与を受けた場合、その全額を住宅取得等にあてること |
| ② | 贈与を受けた年の翌年3月15日までにその家屋に居住し、その後も引き続き居住する見込みであること |

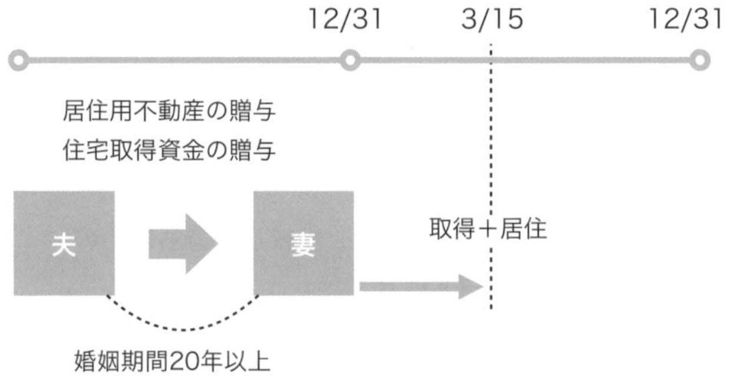


ただし、贈与を受ける配偶者のほうが資産が多い場合には、相続税対策としては利用できません。また、不動産取得税や登録免許税は課税されますので注意しましょう。

# 7 大型の生前贈与②　住宅資金贈与

## 住宅資金贈与の非課税

親や祖父母から、18歳以上の子や孫に対する大型の生前贈与です。マイホーム取得資金の贈与があった場合には、一定の金額が贈与税の非課税となります。

建物自体の贈与ではなく、取得資金の贈与が対象となります。税制改正により、適用期限が2026年12月まで延長となっています。

●図表４－６　非課税限度額

| | 省エネ等住宅 | 一般住宅 |
|---|---|---|
| 2024年1月以降の贈与 | 1,000万円 | 500万円 |

## 2024年度税制改正

省エネ等住宅とは、省エネ等基準に適合する住宅家屋であることにつき一定の証明がされるものです。

「耐熱等性能等級が４以上または１次エネルギー消費量等級４以上」である要件が「耐熱等性能等級５以上かつ一次エネルギー消費量等級６以上」に改正されました。

## 適用要件

住宅取得等資金贈与の非課税の、受贈者の主な適用要件は以下のとおりです。

| | |
|---|---|
| ① | 贈与を受けた取得等資金の全額を、住宅取得等にあてること |
| ② | 贈与を受けた年の翌年３月15日までにその家屋に居住することまたは同日後遅滞なくその家屋に居住することが確実であると見込まれること |
| ③ | 合計所得が2,000万円以下 |

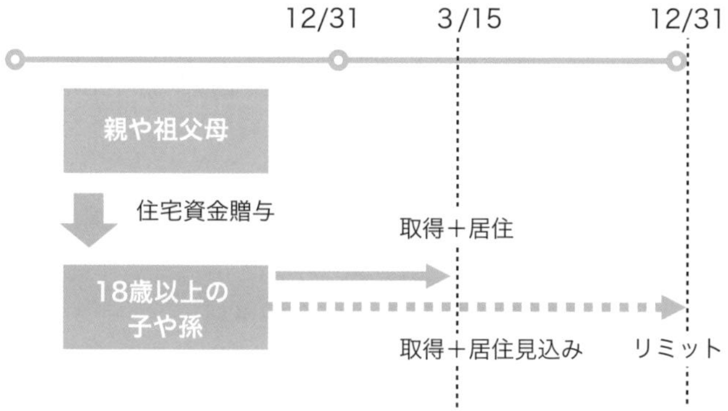


土地のみの取得では対象になりません。３月15日までに住宅取得が必要です。３月15日時点で、棟上げの状態でも新築とみなしますが、建売住宅や分譲マンションの取得は３月15日までに引渡しを受ける必要があります。居住する見込みでこの適用を受けた場合、翌年12月31日までに居住開始をしていなければ、修正申告が必要となります。

# 8 大型の生前贈与③ 教育資金一括贈与など

## 教育資金一括贈与のメリット

祖父母等から30歳未満の孫等（合計所得1,000万円以下の者に限る）に対して教育資金を贈与した場合、受贈者１人につき最大で1,500万円が非課税となります。

メリットとしては、即効性がありますので贈与者が高齢であればあるほど節税効果が期待できることと、祖父母の死亡日前３年以内の贈与でも、原則、相続財産への持戻しがなく、相続税の課税対象とならないことです。

また、教育資金目的での使用に限られますので、受贈者の浪費を心配しなくてもよいというメリットがあります。

## 教育資金一括贈与のデメリット

孫等が30歳（在学中であれば40歳）に達した時に使い残しがあれば、その残額に対して孫等に贈与税が課税されてしまいますので、贈与時の受贈者の年齢が低年齢であることがポイントとなります。

この制度を受けるためには、金融機関に専用口座を開設する必要があります。教育資金の領収書を金融機関に提示して、専用口座からお金を引き出すことになりますので、手間がかかることもデメリットの１つといえます。

## 使い残した教育資金

祖父母等（贈与者）が死亡時において、贈与者の相続税の課税価格が５億円を超えるとき、または、孫等（受贈者）が23歳以上（在学中の場合を除く）で、使い残した教育資金があれば、贈与した教育資金の一部は、贈与者の相続財産に加算されます。

また、受贈者が贈与者の一親等以外の孫であれば、上記の加算対象となった相続財産については、２割加算の適用を受けます。つまり、孫の相続税は、本来の納税額の1.2倍となります。

## ▶▶ 教育資金は非課税

教育資金一括贈与が注目されていますが、従来から、扶養義務者間での教育資金の贈与は非課税となっています。必要に応じての贈与なので即効性はありませんが、使い勝手がよく、確実に子供や孫の喜ぶ回数も増えることでしょう。

教育資金でもらったお金を貯蓄したり、他の目的で使用したりすると贈与税がかかってしまいますので、入学金や授業料の贈与をする際には、直接、学校に振り込むことがポイントです。

教育資金の非課税制度は、通常の贈与を利用し、贈与者が高齢であるなど急を要する場合のみ1,500万円の教育資金一括贈与を利用するとよいでしょう。

## ▶▶ 結婚・子育て資金一括贈与

2015年に「結婚・子育て資金の一括贈与に係る贈与税の非課税制度」が創設されました。親や祖父母から18歳以上50歳未満の子や孫などへの結婚・子育て資金を贈与した場合、受贈者１人につき最大で1,000万円が非課税となります。

この制度を受けるためには「教育資金一括贈与」と同様に、金融機関に専用口座を開設する必要があります。

## ▶▶ 使い残した結婚・子育て資金

贈与者が死亡した時点で、受贈者が使い残した受贈財産があると、贈与者の相続財産に加算され相続税の対象となってしまいます。

孫等（受贈者）が祖父母（贈与者）の一親等以外の孫であれば、上記の加算対象となった相続財産については、２割加算の適用を受けます。教育資金一括贈与と同様に、孫の相続税は、本来の納税額の1.2倍となります。

●図表４－７　「教育資金一括贈与」と「結婚・子育て資金一括贈与」の比較

| | 教育資金一括贈与 | 結婚・子育て資金一括贈与 |
|---|---|---|
| 適用期間 | 2026年3月31日までの贈与 | 2025年3月31日までの贈与 |
| 非課税限度額 | 1,500万円<br>（学校等以外に支払う金銭は500万円） | 1,000万円<br>（結婚に関して支払う金銭は300万円） |
| 贈与者 | 受贈者の直系尊属 | 受贈者の直系尊属 |
| 受贈者 | 30歳未満<br>（合計所得1,000万円以下） | 18歳以上50歳未満<br>（合計所得1,000万円以下） |
| 契約期間中に贈与者が死亡した場合 | 受贈財産の残額は相続税の対象（孫等が23歳未満または在学中を除く） | 受贈財産の残額は相続税の対象 |

# 参考文献


中小企業庁「商業・サービス業・農林水産業活性化税制」のパンフレット
「中小企業税制」のパンフレット
「マイナンバーアクション！」のパンフレット
「経営力向上計画策定・活用の手引き」
中小機構「小規模企業共済制度」のパンフレット
「経営セーフティ共済」のパンフレット
財務省主計局「「国の財務書類」のポイント」
中野裕哲監修『個人事業の始め方』西東社
日本経済新聞社編『すぐわかるNISA　30分でわかる 制度の基本』日本経済新聞社
国税庁「財産債務調書の提出制度が創設されました」のパンフレット
「2019年10月１日から消費税の軽減税率制度が実施されます」のパンフレット
「よくわかる消費税軽減税率制度」のパンフレット

## ●著者プロフィール

**なかだ 隼人（なかだ はやと）**

税理士。中小企業診断士。１級ファイナンシャル・プランニング技能士。

1997年大阪教育大学を卒業後、植木保雄税理士事務所（現ウエキ税理士法人）に入所し、中小企業を中心に、卸売業、製造業、建設業および金融機関などの税務申告を幅広く担当。2021年なかだ税理士事務所を独立開業。

お客様の「会計力」を支えるパートナーであり続けたいという理念のもと、創業支援や再生支援にも従事している（2024年４月現在）。

コンサルティング機能強化のための
**個人事業主の決算書の見方・読み方　2024年度版**

2015年５月20日　初版　　　　第１刷発行
2024年５月20日　2024年度版第１刷発行

著　者　なかだ　隼　人
発行者　志　茂　満　仁
発行所　㈱経済法令研究会
〒162-8421　東京都新宿区市谷本村町3-21
電話　代表 03(3267)4811　制作 03(3267)4823
https://www.khk.co.jp/

営業所／東京 03(3267)4812　大阪 06(6261)2911　名古屋 052(332)3511　福岡 092(411)0805

カバーデザイン／清水裕久（Pesco Paint）
制作／櫻井寿子　印刷／あづま堂印刷㈱　製本／㈱ブックアート


ISBN978-4-7668-3512-0

☆　本書の内容等に関する追加情報および訂正等について　☆
本書の内容等につき発行後に追加情報のお知らせおよび誤記の訂正等の必要が生じた場合には，当社ホームページに掲載いたします。
（ホームページ［書籍・DVD・定期刊行誌］メニュー下部の［追補・正誤表］）